Berücksichtigung des für ein Netz vor der Energierechtsreform 2005
gezahlten Kaufpreises bei der Kalkulation und Regulierung der Netzentgelte

Kommunalwirtschaftliche Forschung und Praxis

Herausgegeben von Wolf Gottschalk

Band 14

PETER LANG

Frankfurt am Main · Berlin · Bern · Bruxelles · New York · Oxford · Wien

Ulrich Büdenbender/Peter Rosin/Carola Reichold

Berücksichtigung des für ein Netz
vor der Energierechtsreform 2005
gezahlten Kaufpreises bei der Kalkulation
und Regulierung der Netzentgelte

PETER LANG
Internationaler Verlag der Wissenschaften

Bibliografische Information der Deutschen Nationalbibliothek
Die Deutsche Nationalbibliothek verzeichnet diese Publikation
in der Deutschen Nationalbibliografie; detaillierte bibliografische
Daten sind im Internet über <http://www.d-nb.de> abrufbar.

Gefördert aus Mitteln des Finanz- und Wirtschaftsrats
beim Verband Kommunaler Unternehmen e.V.

ISSN 1435-8468
ISBN 978-3-631-56926-9
© Peter Lang GmbH
Internationaler Verlag der Wissenschaften
Frankfurt am Main 2008
Alle Rechte vorbehalten.

Das Werk einschließlich aller seiner Teile ist urheberrechtlich
geschützt. Jede Verwertung außerhalb der engen Grenzen des
Urheberrechtsgesetzes ist ohne Zustimmung des Verlages
unzulässig und strafbar. Das gilt insbesondere für
Vervielfältigungen, Übersetzungen, Mikroverfilmungen und die
Einspeicherung und Verarbeitung in elektronischen Systemen.

www.peterlang.de

Inhaltsverzeichnis

Teil 1: Sachverhalt und Prüfungsgegenstand — 7
Teil 2: Rechtliche Würdigung — 11
  A. Gesetzliche Rahmenbedingungen für die Entgeltbildung und Fallkonstellationen bei Netzkäufen — 12
    I. Entgeltbildungs- und Entgeltregulierungskonzepte im EnWG — 12
    II. Überblick über die Abschreibungsregeln in der StromNEV — 14
    III. Mögliche Konstellationen bei einem Netzübergang — 16
      1. Verhältnis zwischen Netzkaufpreis und kalkulatorischem Restwert — 17
      2. Zeitpunkt des Netzerwerbs — 18
      3. Pachtverträge — 19
  B. Regelungsgehalt von § 6 StromNEV — 20
    I. Wortlaut — 21
      1. Anschaffungs- und Herstellungskosten — 23
      2. „Historische" Anschaffungs- und Herstellungskosten — 26
    II. Systematische Auslegung — 32
      1. § 6 Abs. 6 und 7 StromNEV — 32
        a) Wortlaut — 34
        b) Systematik — 36
        c) Sinn und Zweck — 37
        d) Historische Auslegung — 43
      2. Kalkulatorischer Restwert gemäß § 32 Abs. 3 StromNEV — 46

a) Wortlaut	48
b) Sinn und Zweck	49
3. Ergebnis	52
C. Verfassungsrechtliche Erwägungen	53
I. Bedeutung von Art. 14 GG	54
1. Problembeschreibung	54
2. Stellenwert für die Thematik des Gutachtens	55
II. Besonderer Vertrauensschutz des Netzkäufers bei Netzerwerben vor der Energierechtsreform 2005	56
1. Verfassungsrechtliche Grundlagen des Schutzes von Vertrauen	57
2. Zulässige Bestimmung des Netzkaufpreises nach dem Sachzeitwert	58
a) Kaufering-Entscheidung des BGH vom 16.11.1999	59
b) Urteil des BGH vom 07.02.2006	64
3. Behandlung der Thematik im Tarifgenehmigungsverfahren nach § 12 BTOElt	68
a) Genehmigungspraxis in den verschiedenen Bundesländern	71
b) Gesamtauswertung der Behördenpraxis zur Behandlung von Netzkaufpreisen	76
c) Sondervertragskunden	78
4. Vertrauensschutz des Netzkäufers	78
a) Echte und unechte Rückwirkung	80
b) Anwendung auf §§ 6, 32 StromNEV	81
III. Verfassungskonforme Auslegung	89
Teil 3: Zusammenfassung der wesentlichen Ergebnisse	93

Teil 1: Sachverhalt und Prüfungsgegenstand

Ein wesentlicher Bestandteil der Energierechtsreform 2005 war die Einführung einer **Genehmigungspflicht** im Energiewirtschaftsgesetz (EnWG)[1] für das Erheben von Entgelten für den Netzzugang (§ 23a EnWG). Erstmalig war ein Antrag auf Erteilung einer solchen Genehmigung drei Monate nach Inkrafttreten einer Rechtsverordnung über die Entgelte für den Zugang zu den Elektrizitätsversorgungsnetzen (StromNEV)[2] und sechs Monate nach Inkrafttreten einer Rechtsverordnung über die Entgelte für den Zugang zu den Gasversorgungsnetzen (GasNEV)[3] zu stellen, vgl. § 118 Abs. 1b EnWG. Beide Verordnungen sind am 29.07.2005 in Kraft getreten.[4]

Rechtsgrundlage für eine Netzentgeltgenehmigung sind §§ 21, 23a, 24 EnWG in Verbindung mit den Vorschriften der StromNEV bzw. der GasNEV. Die StromNEV und die GasNEV regeln im Einzelnen, wie die Netzkosten für die Ermittlung der Netzentgelte

---

1 Vom 07.07.2005 (BGBl. I S. 1970).
2 Verordnung über die Entgelte für den Zugang zu Elektrizitätsversorgungsnetzen (Stromnetzentgeltverordnung – StromNEV) vom 25.07.2005 (BGBl. I S. 2225).
3 Verordnung über die Entgelte für den Zugang zu Gasversorgungsnetzen (Gasnetzentgeltverordnung – GasNEV) vom 25.07.2005 (BGBl. I S. 2197).
4 Die nachfolgenden Ausführungen beziehen sich ausdrücklich auf Elektrizitätsversorgungsnetze und legen im Rahmen der Netzentgeltermittlung die Vorschriften der StromNEV zu Grunde. Die Erwägungen gelten in gleicher Weise bei Gasversorgungsnetzen, bei denen sich die Entgeltermittlung nach der Gasnetzentgeltverordnung richtet. Auf etwaige Unterschiede bei der rechtlichen Beurteilung wird an der jeweils relevanten Stelle hingewiesen.

zu bestimmen sind. Wenn ein Netzbetreiber, der den erstmaligen Antrag auf Netzentgeltgenehmigung nach § 23a EnWG gestellt hat, das von ihm betriebene Netz vor einigen Jahren von einem Dritten gekauft hat, kann für ihn die Frage bedeutsam werden, in welcher Weise der damals gezahlte Netzkaufpreis bei der Netzkostenermittlung nach der StromNEV bzw. der GasNEV Berücksichtigung finden kann.

Die Regulierungsbehörden des Bundes und der Länder vertreten in ihrem Positionspapier vom 07.03.2006[5] die Auffassung, dass im Rahmen der Netzkostenermittlung der Kaufpreis nicht als Grundlage für die Berechnung der kalkulatorischen Abschreibungen herangezogen werden kann. Nach Ansicht der Behörden muss immer auf den kalkulatorischen Restwert abgestellt werden, der sich beim Verkäufer ergibt. Andernfalls würden die Netznutzer das Netz infolge mehrfacher Abschreibung „doppelt bezahlen". Dementsprechend lehnen die Regulierungsbehörden es ab, in den individuellen Entgeltgenehmigungsverfahren den gezahlten Kaufpreis zu berücksichtigen. Sie setzen sich damit in Widerspruch zu der Genehmigungspraxis zahlreicher Länder im Zusammenhang mit der Erteilung von Tarifpreisgenehmigungen nach § 12 BTOElt; dort wurde der Netzkaufpreis vielfach als Abschreibungsgrundlage anerkannt.

Der Verband kommunaler Unternehmen (VKU) hat uns gebeten, die Frage gutachterlich zu prüfen, ob ein Netzkäufer, der ein Stromversorgungsnetz vor der Energierechtsreform 2005 erworben hat, den für das Netz gezahlten Kaufpreis bei der erstmaligen Genehmigung der Netzentgelte nach § 23a EnWG als Grundlage der kalkulatorischen Abschreibungen in Ansatz bringen kann. Denn

---

5 Vgl. Positionspapier der Regulierungsbehörden des Bundes und der Länder zu Einzelfragen der Kostenkalkulation gemäß Stromnetzentgeltverordnung vom 07.03.2006, S. 8 f.; ebenso: Positionspapier der Regulierungsbehörden des Bundes und der Länder zu Einzelfragen der Kostenkalkulation gemäß Gasnetzentgeltverordnung vom 13.06.2006, ZNER 2006, 125.

diese Frage ist für die Mitgliedsunternehmen des VKU angesichts der oben geschilderten Genehmigungspraxis der Regulierungsbehörden von großer praktischer und ökonomischer Bedeutung, da viele Stadtwerke in der Vergangenheit Stromnetze von den Verbundunternehmen erworben haben. Zwar stellt sich die Problematik rechtsgrundsätzlich auch für den Erwerb von Netzen, die nach Inkrafttreten der Energierechtsreform infolge Ablaufs von Konzessionsverträgen dem neuen Netzbetreiber in dem Gemeindegebiet überlassen werden. Der praktische Schwerpunkt liegt jedoch bei den Altfällen. Insbesondere als Spätfolge zahlreicher Fälle der kommunalen Gebietsreform der 70er Jahre des letzten Jahrhunderts ist es zu Veränderungen in der örtlichen Versorgung gekommen. Viele Städte verfolgten das Ziel, die im Kerngebiet der Kommunen tätigen Stadtwerke nach Ablauf der Konzessionsverträge mit anderen EVU in den eingemeindeten Gemeinden auch dort tätig werden zu lassen. Zur Erreichung dieses Ziels wurden in den 70er, 80er und 90er Jahren des letzten Jahrhunderts die Netze der zuvor kommunalfremden EVU von den jeweiligen Stadt-/Kreiswerken übernommen; hierfür wurde regelmäßig ein Kaufpreis in Höhe des Sachzeitwertes der Netze bezahlt. Nunmehr stellt sich die Frage, ob die Kaufpreise bei der Kalkulation der Netzentgelte nicht mehr berücksichtigt werden können. Die Frage stellt sich für Strom- und Gasverteilernetze gleichermaßen, da die StromNEV und die GasNEV in den einschlägigen Passagen insoweit identisch sind. Im Folgenden wird aus Gründen der vereinfachten Darstellung allein auf die Stromnetze abgehoben. Hinzu kommt, dass insoweit besondere Aspekte des Vertrauensschutzes aus der Genehmigungspraxis zu § 12 BTOElt bestehen.

Teil 2: Rechtliche Würdigung

Die Beantwortung der Frage, ob der in der Vergangenheit gezahlte Kaufpreis bei der Ermittlung der Entgelte für den Netzzugang Berücksichtigung finden kann, setzt sowohl eine Auslegung der einschlägigen Normen des EnWG und der StromNEV als auch die Berücksichtigung verschiedener verfassungsrechtlicher Aspekte voraus. Nachfolgend werden deshalb zunächst die **gesetzlichen Rahmenbedingungen** für die Netzentgeltbildung und speziell die Abschreibungsregeln in der StromNEV skizziert. Sodann werden der praktische Hintergrund der zu untersuchenden Rechtsfrage näher beleuchtet und dabei insbesondere die möglichen **Konstellationen bei einem Netzübergang** aufgearbeitet (**A.**). Schwerpunkt der sich daran anschließenden juristischen Prüfung ist die Auslegung der Vorschriften über die **kalkulatorischen Abschreibungen** und die **kalkulatorische Restwertbildung im Erstantrag** in § 6 und § 32 Abs. 3 StromNEV. Es ist insbesondere zu klären, ob der Netzkaufpreis unter den Begriff der „historischen Anschaffungs- und Herstellungskosten" i.S.d. § 6 Abs. 2 S. 2 Nr. 2 StromNEV und der „anschaffungsorientierten" Bestimmung der kalkulatorischen Restwerte i.S.d. § 32 Abs. 3 StromNEV subsumiert werden kann (**B.**). Schließlich ist zu klären, ob das Ergebnis der einfach-gesetzlichen Auslegung **verfassungsrechtlichen Erwägungen** Stand hält. Insoweit sind **Art. 14 GG** und der Aspekt des **Vertrauensschutzes (Art. 20 GG)** des Netzkäufers bei Netzerwerben vor der Energierechtsreform 2005 zu würdigen (**C.**).

A. Gesetzliche Rahmenbedingungen für die Entgeltbildung und Fallkonstellationen bei Netzkäufen

Nachdem ein Käufer ein Versorgungsnetz erworben hat, muss er den gezahlten Kaufpreis wieder von seinen Kunden „verdienen". Als Netzbetreiber hat ein Erwerber nur die Möglichkeit, diese Kosten als kalkulatorische Abschreibungen im Rahmen der Ermittlung der Netzkosten in Ansatz zu bringen. In der Ermittlung der Netzkosten und der Berechnung seiner Netznutzungsentgelte ist ein Netzbetreiber aber nicht frei: Vielmehr benötigt er für das Erheben von Netznutzungsentgelten eine behördliche Genehmigung. Die Genehmigungspflicht ergibt sich aus § 23a EnWG und wird durch die StromNEV[6] konkretisiert. Vor diesem Hintergrund wird nachfolgend zunächst insoweit der aktuelle energierechtliche Rechtsrahmen konkretisiert (**I.**) und sodann speziell ein Überblick über die Abschreibungsregeln in der StromNEV gegeben (**II.**). Anschließend werden als praktische Ausgangsbasis der Untersuchung die verschiedenen möglichen Konstellationen bei einem Netzverkauf dargestellt (**III.**).

I. Entgeltbildungs- und Entgeltregulierungskonzepte im EnWG

Das EnWG enthält verschiedene Entgeltbildungs- und -regulierungskonzepte. § 21 Abs. 2 EnWG statuiert das Modell einer **kostenorientierten Entgeltregulierung**.[7] Danach sind die Netznutzungsentgelte auf der Grundlage der Kosten einer Betriebsführung, die denen eines effizienten und strukturell vergleichbaren Netzbetreibers entsprechen müssen, unter Berücksichtigung von Anrei-

---

6 Bei Gasversorgungsnetzen: GasNEV.
7 *Büdenbender/Rosin*, Energierechtsreform 2005, 2005, S. 217; detailliert dazu *Büdenbender*, DVBl 2006, 197 ff.

zen für eine effiziente Leistungserbringung und einer angemessenen, wettbewerbsfähigen und risikoangepassten Verzinsung des eingesetzten Kapitals zu bilden (§ 21 Abs. 2 S. 1 EnWG). Gemäß § 21 Abs. 2 S. 2 EnWG dürfen Kosten und Kostenbestandteile, die sich im Wettbewerb nicht einstellen würden, nicht berücksichtigt werden. Um zu gewährleisten, dass sich die Entgelte an den Kosten einer effizienten Betriebsführung orientieren, kann die Regulierungsbehörde nach § 21 Abs. 3 S. 1 EnWG ein sog. Vergleichsverfahren bezüglich der Einzelentgelte, Erlöse oder Kosten durchführen. Im Rahmen der kostenorientierten Entgeltbildung kann dabei nur ein Vergleich der Kosten stattfinden (§ 21 Abs. 3 S. 2 EnWG), wenn die Entgelte bereits genehmigt sind.

Soweit eine kostenorientierte Entgeltbildung i.S.d. § 21 Abs. 2 S. 1 EnWG erfolgt, bedürfen Entgelte für den Netzzugang nach § 21 EnWG einer **Genehmigung** gemäß § 23a EnWG. Auf die Erteilung der Genehmigung besteht ein Anspruch, soweit die beantragten Entgelte den Anforderungen des EnWG und insbesondere der StromNEV entsprechen (§ 23a Abs. 2 S. 1 EnWG). Die StromNEV wiederum regelt in ihrem Teil 2 die „Methode zur Ermittlung der Netzentgelte" (§§ 4 – 21 StromNEV). Gemäß § 3 StromNEV sind für die Ermittlung der Netzzugangsentgelte die Netzkosten nach den §§ 4 bis 11 zusammenzustellen. Abschnitt 1 über die Kostenartenrechnung wird mit der Regelung des § 4 StromNEV zu den Grundsätzen der Netzkostenermittlung eingeleitet, der in Abs. 2 die einzelnen Kostenbestandteile – u. a. die kalkulatorischen Abschreibungen – benennt.

Von der in § 21 Abs. 2 S. 1, Hs. 2 EnWG angesprochenen Möglichkeit, in Abweichung von der kostenorientierten Entgeltbildung ein anderes Konzept vorzugeben, hat der Verordnungsgeber auf Grund der Ermächtigung in § 24 S. 2 Nr. 5 EnWG Gebrauch gemacht und §§ 3 Abs. 2 und 3, 19, 26 GasNEV erlassen. Hiermit ist eine Entgeltbildung auf der Grundlage eines marktorientierten Verfahrens, insbesondere eines reinen Vergleichsmarktmodells, angesprochen. Die Voraussetzung der Ermächtigungsnorm ist ein bestehender oder potenzieller Leitungswettbewerb. Dieser wird in der Rechtspraxis allein auf der Ferngasebene relevant.

Eine weitere Möglichkeit der Entgeltbildung findet sich im Rahmen der Anreizregulierung in § 21a EnWG. Dieses Verfahren wurde erst zu einem sehr späten Zeitpunkt in das Gesetzgebungsverfahren durch den Bundestagsausschuss für Wirtschaft und Arbeit[8] in das EnWG 2005 eingefügt, nachdem der Bundesrat, die Interessenvertretungen der Netznutzer sowie die politische Diskussion über die EnWG-Novelle seitens der Wissenschaft eine derartige Regelung gefordert hatten.[9] Voraussetzung für die Praktizierung der Anreizregulierung ist die Freigabe durch eine Rechtsverordnung (§ 21a Abs. 6 S. 1 Nr. 1 EnWG), an der das Bundeswirtschaftsministerium zur Zeit arbeitet. Die Anreizregulierung wird frühestens zum 01.01.2008 in Kraft treten

II. Überblick über die Abschreibungsregeln in der StromNEV

Die Methode der kostenorientierten Entgeltbildung nach § 21 Abs. 2 EnWG wird – wie oben bereits angesprochen – durch die StromNEV konkretisiert. Die StromNEV enthält in zwei Vorschriften Vorgaben betreffend die Ermittlung der kalkulatorischen Abschreibungen: § 6 StromNEV bestimmt, wie die kalkulatorischen Abschreibungen grundsätzlich zu bestimmen sind. § 6 Abs. 1 StromNEV definiert den Begriff der kalkulatorischen Abschreibungen und unterscheidet für deren Ermittlung zwischen Alt- und Neuanlagen (Aktivierung vor bzw. nach dem 01.01.2006). Bei Altanlagen werden die Abschreibungen nach der linearen Abschreibungs-

---

[8] Vgl. die Beschlussempfehlung des BT-Auschusses für Wirtschaft und Arbeit, BT-Drucks. 15/5268.
[9] *Büdenbender/Rosin*, Energierechtsreform 2005 (Fn. 7), S. 217 f.

methode ermittelt, wobei der Tagesneuwert (Definition in Absatz 3) die Abschreibungsgrundlage für den eigenfinanzierten Anteil des Anlagegutes und die historischen Anschaffungs- und Herstellungskosten die Abschreibungsgrundlage für den fremdfinanzierten Anteil bilden (§ 6 Abs. 2 StromNEV). Die Absätze 4 und 5 regeln die Abschreibung von Neuanlagen sowie in Verbindung mit Anlage 1 zur StromNEV die anzusetzenden betriebsgewöhnlichen Nutzungsdauern. § 6 Abs. 6 StromNEV legt fest, dass der kalkulatorische Restwert eines Anlageguts nach Ablauf des ursprünglich angesetzten Abschreibungszeitraums Null beträgt und statuiert ein Verbot der Abschreibung unter Null, das gemäß Absatz 7 auch ungeachtet der Änderung von Eigentumsverhältnissen oder der Begründung von Schuldverhältnissen, insbesondere von Netzpachtverträgen, gilt. Der kalkulatorische Restwert bezeichnet den kalkulatorischen Wert des Sachanlagegutes nach den bereits erfolgten kalkulatorischen Abschreibungen.

Ferner bestimmt die Übergangsregelung des § 32 Abs. 3 StromNEV (Teil 5: Sonstige Bestimmungen), wie bei der **erstmaligen Genehmigung** von Netzentgelten nach § 32 Abs. 2 StromNEV die **kalkulatorischen Restwerte** des Sachanlagevermögens zu ermitteln sind. § 32 Abs. 3 S. 1 EnWG sieht vor:

"Zur erstmaligen Ermittlung der Netzentgelte nach Absatz 2 sind die kalkulatorischen Restwerte des Sachanlagevermögens für den eigenfinanzierten Anteil auf Tagesneuwertbasis nach § 6 Abs. 3, für den fremdfinanzierten Anteil anschaffungsorientiert zu bestimmen und anlagenscharf zu dokumentieren."

Die Sätze 2 – 4 des § 32 Abs. 3 StromNEV geben dabei vor, welche Nutzungsdauern zur Bestimmung des kalkulatorischen Restwertes zu Grunde zu legen sind.

Gemäß § 32 Abs. 2 StromNEV hatten die Betreiber von Elektrizitätsversorgungsnetzen ihre Netzentgelte spätestens ab dem für sie maßgeblichen Zeitpunkt nach § 118 Abs. 1b S. 1 EnWG (also

erstmals drei Monate nach Inkrafttreten der StromNEV) erstmalig auf der Grundlage dieser Verordnung zu bestimmen.
Aus der vorstehenden Skizzierung des Inhalts der §§ 6 und 32 Abs. 3 StromNEV erschließt sich auch bereits ihr grundsätzliches Verhältnis zueinander. § 6 StromNEV stellt die **Grundsatzregelung** dar, die stets gilt. § 32 Abs. 3 StromNEV hat den Charakter einer Sonderregelung für die erstmalige Entgeltbildung. Soweit § 32 Abs. 3 StromNEV spezielle Aussagen in Abweichung von § 6 StromNEV enthält, muss § 6 StromNEV im Rahmen der erstmaligen Entgeltbildung zurücktreten.

III. Mögliche Konstellationen bei einem Netzübergang

Die vorstehend skizzierten Rechtsnormen bilden den rechtlichen Rahmen für die hier zu prüfende Frage. In tatsächlicher Hinsicht ist bedeutsam, dass bei einem Netzkauf verschiedene Konstellationen denkbar sind: Diese unterscheiden sich zunächst dadurch, dass sich das **Verhältnis zwischen Kaufpreis und kalkulatorischem Restwert** unterschiedlich darstellt. Konkreter formuliert: Es gibt Fälle des Netzübergangs, bei denen der gezahlte Kaufpreis – vielfach deutlich – über dem kalkulatorischen Restwert liegt, den der bisherige Netzbetreiber (= Errichter und Verkäufer) bei Anwendung des § 32 Abs. 3 StromNEV und/oder § 6 Abs. 6 StromNEV ermitteln würde; in anderen Fällen könnte er identisch sein oder – jedenfalls theoretisch – auch darunter liegen (**1.**). Außerdem wird man rechtsgrundsätzlich zur vollständigen Ausleuchtung der Problematik, wenn auch weniger praktisch, die Fälle des Netzübergangs noch hinsichtlich des **Zeitpunkts** des Eigentümerwechsels konkretisieren können. Es könnte im hier interessierenden Zusammenhang einen Unterschied machen, ob der Netzübergang vor oder nach der Energierechtsreform 2005 erfolgte (**2.**). Weiterhin ist noch kurz die von § 6 Abs. 7 StromNEV erfasste Konstellation anzusprechen, dass eine Netzüberlassung im Rahmen eines Pachtvertrages erfolgt (**3.**).

1. Verhältnis zwischen Netzkaufpreis und kalkulatorischem Restwert

Zunächst lassen sich in der Praxis die Fälle des Netzübergangs danach kategorisieren, wie sich das Verhältnis zwischen gezahltem Kaufpreis und dem kalkulatorischen Restwert darstellt, den der Verkäufer zum Zeitpunkt des Verkaufs auf Basis des § 32 Abs. 3 StromNEV ermitteln würde, wenn er das verkaufte Netz in einem Antrag nach § 23a EnWG berücksichtigen würde.

Die erste Möglichkeit besteht darin, dass die Höhe des Netzkaufpreises **über** dem kalkulatorischen Restwert des Anlagegutes liegt. Der vorherige Netzeigentümer hat das Netz als Anlagegut bereits über einen gewissen Zeitraum kalkulatorisch abgeschrieben, sodass ein bestimmter kalkulatorischer Restwert verblieben ist. Dieser ist im Falle eines Erstantrags nach §§ 23a, 118 Abs. 1b EnWG gemäß § 32 Abs. 3 StromNEV zu bestimmen. Bei Netzverkäufen wurde in der Vergangenheit als Kaufpreis zumeist der Sachzeitwert eines Netzes vereinbart, der auf der Grundlage des Tagesneuwertes ermittelt wurde.[10] Damit überwiegt in der Praxis eindeutig die Konstellation, dass der Netzkaufpreis **über** dem kalkulatorischen Restwert liegt.[11] Bei dieser Fallkonstellation ist noch die weiter gehende Unterscheidung denkbar, dass das verkaufte Netz bereits kalkulatorisch entweder komplett oder aber nur teilweise ab-

---

10 Zur Zulässigkeit des Sachzeitwertes als Entgelt für die Übertragung eines Versorgungsnetzes: BGH, Urteil vom 16.11.1999, BGHZ 143, 128 ff.; BGH, Urteil vom 07.02.2006, ZNER 2006, 140 ff., vgl. unten B. III. 2. b).

11 Vgl. Positionspapier der Regulierungsbehörden des Bundes und der Länder vom 07.03.2006 (Fn. 5), S. 9; ebenso: Positionspapier der Regulierungsbehörden des Bundes und der Länder vom 13.06.2006 (Fn. 5), ZNER 2006, 125.

geschrieben worden ist.[12] Unabhängig von dieser Differenzierung stellt sich in solchen Fällen die Frage, ob der gezahlte Kaufpreis als Abschreibungsgrundlage angesetzt werden darf. Diese Frage ist dann in erster Annäherung gemäß §§ 6 Abs. 6, 32 Abs. 3 StromNEV zu beantworten. Anzumerken ist, dass in der Praxis wegen der regelmäßigen Investitionen in das Netz wohl nur selten eine Abschreibung des Netzes auf „EUR 1,00" erfolgen dürfte. Insoweit ist vorliegend zu unterstellen, dass der Netzeigentümer keine Nachinvestitionen vorgenommen hat. Die weiteren Ausführungen gelten, soweit sie eine komplette Abschreibung des Netzes zu Grunde legen, aufgrund der Relevanz der Rechtsprobleme auch für die Fälle, bei denen Nachinvestitionen in das Netz erfolgt sind.

Als zweite Möglichkeit ist denkbar, dass die Höhe des gezahlten Netzkaufpreises mit dem kalkulatorischen Restwert des Netzes **identisch** war. Dann hätten die Parteien als Kaufpreis den kalkulatorischen Restwert angesetzt. In diesem Fall kann die Frage offen bleiben, ob die Abschreibung nach der StromNEV auf der Grundlage des Kaufpreises erfolgen kann. Nur der Vollständigkeit halber sei darauf hingewiesen, dass es theoretisch schließlich auch denkbar ist, dass der Kaufpreis **unter** dem kalkulatorischen Restwert liegt. Da dieser Fall jedoch nicht praxisrelevant ist, wird ihm hier nicht weiter nachgegangen; denn bei dieser Konstellation würde der Verkäufer ökonomisch wenig sinnvoll handeln.

2. *Zeitpunkt des Netzerwerbs*

Weiterhin ist danach zu unterscheiden, ob der Zeitpunkt des Netzerwerbs vor oder nach der Energierechtsreform 2005 liegt. Davon könnte abhängig sein, ob der Netzerwerber möglicherweise ein ge-

---

12 Vgl. dazu ausführlich: *Büdenbender/Rosin/Bachert*, Kaufpreis und Ertragswert von Stromverteilernetzen nach der Energierechtsreform 2005, 2006, S. 21 ff.

schütztes Vertrauen in Bezug auf die bisherigen Abschreibungsmodalitäten entfalten durfte. Wenn der Netzkauf **nach** der Energierechtsreform erfolgte, dann wusste der Netzerwerber, dass bei der Netzentgeltgenehmigung die kalkulatorischen Abschreibungen nach §§ 21, 23a, 24 EnWG i.V.m. §§ 6 StromNEV und § 32 Abs. 3 StromNEV zu ermitteln sind. Er kannte also insbesondere die Regelungen in § 6 Abs. 2, 6 und 7 StromNEV. Es stellt sich dann die Frage, welche Konsequenzen daraus zu ziehen sind. Da das „Zeitfenster" zwischen dem Inkrafttreten der StromNEV und dem Erstantrag nach §§ 23a, 118 Abs. 1b) EnWG nur drei Monate beträgt, ist dieser Fall derzeit wenig praxisrelevant und wird hier nicht vertieft.

Der Netzerwerb erfolgte in der bisherigen Praxis bereits **vor** der Energierechtsreform. Dann ist zu untersuchen, ob der Netzkäufer möglicherweise darauf vertrauen durfte, auch in der Zukunft die kalkulatorischen Abschreibungen des Anlageguts nach der Rechtslage vornehmen zu können, wie sie im Zeitpunkt des Netzerwerbs galt. Ein solcherart geschütztes Vertrauen wird dann relevant, wenn die damalige Rechtslage für den Netzerwerber günstiger war als der aktuelle energierechtliche Rechtsrahmen. In diesem Zusammenhang stellt sich insbesondere die Frage, ob der Netzkaufpreis im Rahmen des Tarifgenehmigungsverfahrens nach § 12 BTOElt als Abschreibungsgrundlage herangezogen wurde oder ob dort ausschließlich der kalkulatorische Restwert maßgeblich war. Wenn es eine dahingehende Verwaltungspraxis gab, dass (auch) der Kaufpreis als Abschreibungsgrundlage von Bedeutung war, dann durfte ein Netzkäufer möglicherweise ein schutzwürdiges Vertrauen in eine solche Abschreibungsmöglichkeit entwickeln.

3. Pachtverträge

Der Vollständigkeit halber sei angemerkt, dass § 6 Abs. 7 StromNEV die angesprochenen Kalkulationsprinzipien auch für die

Begründung von Schuldverhältnissen jenseits der Änderung der Eigentumsverhältnisse an den Verteilernetzen regelt. Dies betrifft vor allem Netzpachtverträge in Fällen, wo die Netzüberlassung nach § 46 Abs. 2 S. 2 EnWG (oder nach § 13 Abs. 2 S. 2 EnWG 1998) auf schuldrechtlicher Basis erfolgte. Da sich die hier vorgelegte Untersuchung auf die Netzübereignung beschränkt, werden die Netzpachtverträge nachstehend nicht weiter behandelt.

Zusammenfassend lässt sich feststellen, dass nachfolgend anhand einer Auslegung der maßgeblichen Normen (§§ 6, 32 Abs. 3 StromNEV) zu klären ist, ob der regelmäßig am Sachzeitwert orientierte Kaufpreis eines Netzes, der über dem kalkulatorischen Restwert der betreffenden Netze liegt, zur Abschreibungsgrundlage im Rahmen der Netzkostenermittlung gemacht werden darf. Dabei ist insbesondere auch zu prüfen, inwieweit ein Erwerber, der ein Netz vor Inkrafttreten der Energierechtsreform 2005 gekauft hat, unter dem Gesichtspunkt des Vertrauensschutzes schutzwürdig ist.

B. Regelungsgehalt von § 6 StromNEV

Ausgangspunkt für die Beantwortung der oben aufgeworfenen Frage ist § 6 StromNEV. Die Regelung legt fest, wie bei der Netzkostenermittlung die kalkulatorischen Abschreibungen im Einzelnen zu bestimmen sind. Abschreibungsgrundlage sind nach § 6 Abs. 2 S. 2 Nr. 2 StromNEV bei Altanlagen die historischen Anschaffungs- und Herstellungskosten. Diese sind als Basiswert – direkt für den fremdfinanzierten Anteil, mittelbar über die Berechnung des Tagesneuwertes für den eigenfinanzierten Anteil - zu Grunde zu legen. Fraglich ist zunächst, ob nach dem Wortlaut der Vorschrift der von einem Erwerber gezahlte Netzkaufpreis unter diesen Begriff subsumiert und damit als Abschreibungsgrundlage herangezogen werden kann (**I.**). Sodann stellt sich die Frage, welche Erkenntnisse sich insoweit aus dem systematischen Zusammenhang von

§ 32 Abs. 3 und § 6 Abs. 6 und 7 StromNEV ergeben (**II.**). Ferner ist zu untersuchen, ob das bei der Auslegung gewonnene Zwischenergebnis eine Bestätigung durch verfassungsrechtliche Erwägungen erfährt (**III.**). Hierbei ist zunächst die Vorschrift des Art. 14 GG in den Blick zu nehmen. Abschließend wird gewürdigt, ob ein Netzkäufer einen besonderen Vertrauensschutz bei Netzerwerben vor der Energierechtsreform 2005 genießt.

I. Wortlaut

Als Grundlage für eine Wortauslegung des § 6 Abs. 2 StromNEV ist zunächst der Inhalt der maßgeblichen Einzelregelungen für Abschreibungen zu skizzieren. Kalkulatorische Abschreibungen werden in § 6 Abs. 1 StromNEV definiert als die Wertminderung der betriebsnotwendigen Anlagegüter, welche gemäß § 6 Abs. 2 bis 7 StromNEV als Kostenposition bei der Ermittlung der Netzkosten in Ansatz zu bringen ist.[13] Hierbei wird unterschieden zwischen Altanlagen (vor dem 01.01.2006 aktiviertes Anlagegut) und Neuanlagen (nach dem 01.01.2006 aktiviertes Anlagegut).

Für die kalkulatorischen Abschreibungen der **Altanlagen** legt § 6 Abs. 2 StromNEV fest:

„Die kalkulatorischen Abschreibungen der Altanlagen sind unter Berücksichtigung der Eigenkapitalquote nach der linearen Abschreibungsmethode zu ermitteln. Für die Ermittlung der kalkulatorischen Abschreibungen

---

13 Vgl. zum Begriff der kalkulatorischen Abschreibungen bei der Erfassung kalkulatorischer Kosten: *Friedl*, Kostenrechnung, Grundlagen, Teilrechnungen und Systeme der Kostenrechnung, 2004, S. 109: „Kalkulatorische Abschreibungen können verstanden werden als die in der Kostenartenrechnung erfasste planmäßig vorhersehbare periodische Wertminderung abnutzbarer Anlagegüter, die laufend dem Sachziel der Unternehmung dienen".

1. des eigenfinanzierten Anteils der Altanlagen ist die Summe aller anlagenspezifisch und ausgehend von dem jeweiligen Tagesneuwert nach Absatz 3 Satz 1 und 2 ermittelten Abschreibungsbeträge aller Altanlagen zu bilden und anschließend mit der Eigenkapitalquote zu multiplizieren;
2. des fremdfinanzierten Anteils der Altanlagen ist die Summe aller anlagenspezifisch und ausgehend von den jeweiligen, im Zeitpunkt ihrer Errichtung erstmalig aktivierten Anschaffungs- und Herstellungskosten (historische Anschaffungs- und Herstellungskosten) ermittelten Abschreibungsbeträge aller Altanlagen zu bilden und anschließend mit der Fremdkapitalquote zu multiplizieren."

§ 6 Abs. 3 StromNEV definiert den **Tagesneuwert** als den unter Berücksichtigung der technischen Entwicklung maßgeblichen Anschaffungswert zum jeweiligen Bewertungszeitpunkt und legt die Methode fest, mit der die historischen Anschaffungs- und Herstellungskosten des Anlageguts auf den Tagesneuwert umgerechnet werden. Die kalkulatorischen Abschreibungen der Neuanlagen sind nach § 6 Abs. 4 StromNEV ausschließlich auf der Grundlage der jeweiligen historischen Anschaffungs- und Herstellungskosten zu ermitteln.

Vorliegend geht es um die Abschreibung von gekauften Elektrizitätsversorgungsnetzen, die als Anlagegüter vor dem 01.01.2006 aktiviert wurden, mithin um **Altanlagen**. Gemäß § 6 Abs. 2 StromNEV ist bei **Altanlagen** für die Ermittlung der kalkulatorischen Abschreibungen zwischen dem eigen- und dem fremdfinanzierten Anteil der Anlage zu unterscheiden.[14] Der Abschreibungsbetrag für den eigenfinanzierten Anteil basiert auf dem jeweiligen Tagesneuwert. Der Tagesneuwert wird gemäß § 6 Abs. 3 StromNEV berechnet, in dem die **historischen Anschaffungs- und Herstellungskosten** unter Verwendung bestimmter Preisindizes umgerechnet werden. Für den fremdfinanzierten Anteil werden die kalkulatorischen Abschreibungen auf Basis der historischen An-

---

14 BR-Drucks. 245/05, S. 33, zu § 6, Kalkulatorische Abschreibungen.

schaffungs- und Herstellungskosten ermittelt. Die Ermittlung der kalkulatorischen Abschreibungen enthält bei Altanlagen mithin zwei Elemente: Einzubeziehen sind einerseits der Tagesneuwert – basierend auf einer Umrechnung der historischen Anschaffungs- und Herstellungskosten – für den eigenfinanzierten Anteil und andererseits die historischen Anschaffungs- und Herstellungskosten für den fremdfinanzierten Anteil.

Die unterschiedlichen Abschreibungsgrundlagen für Alt- und Neuanlagen finden eine korrespondierende Regelung in der Vorgabe des Eigenkapitalzinses gemäß § 7 Abs. 6 S. 2 StromNEV. Er beträgt für Altanlagen 6,5 %, für Neuanlagen 7,91 % vor Steuern, jeweils bis zur Vorgabe eines erstmaligen aktualisierten Wertes durch die Regulierungsbehörde. Da der eigenfinanzierte Teil der Altanlagen eine Berücksichtigung der Inflation durch den Ansatz von Tagesneuwerten erfährt, ist der Zinssatz hier niedriger als bei Neuanlagen. Sie müssen wegen der alleinigen Maßgeblichkeit der historischen Anschaffungs- und Herstellungskosten für die Abschreibung einen Inflationsausgleich über die Zinshöhe erhalten.

1. Anschaffungs- und Herstellungskosten

Ausgangspunkt jeglicher Abschreibung nach der StromNEV ist mithin der Begriff „historische Anschaffungs- und Herstellungskosten". Es ist deshalb zu prüfen, ob (auch) der vom Erwerber gezahlte Kaufpreis unter diesen Begriff subsumiert werden kann. Insoweit ist zu beachten, dass auch der Netzverkäufer i.d.R. das Verteilernetz nicht selbst herstellt, sondern von einem Unternehmen des Anlagenbaus hat errichten lassen. Aus dem Wort „historisch" könnte abzuleiten sein, dass auf diesen Vorgang und nicht auf den späteren Netzkauf abzustellen ist. Folglich ist zunächst der Begriff „historische Anschaffungs- und Herstellungskosten" zu klären. Nach der Legaldefinition in § 6 Abs. 2 S. 2 Nr. 2 StromNEV sind die **historischen Anschaffungs- und Herstellungskosten** der Altanlagen die jeweiligen, im Zeitpunkt ihrer **Errichtung erstmalig aktivierten Anschaffungs- und Herstellungskosten**. Für eine Wortlautauslegung dieses Begriffs können der allgemeine Sprachgebrauch sowie der besondere Sprachgebrauch der Kostenrechnung herangezogen werden.

Unter einer **Anschaffung** lässt sich nach dem allgemeinen Sprachgebrauch der käufliche Erwerb eines Gegenstandes von längerem Bestand verstehen.[15] Der Kaufpreis stellt die Gegenleistung für den Eigentumserwerb an dem angeschafften Gegenstand dar und kann damit als Anschaffungskosten bezeichnet werden. Dasselbe gilt jedoch, wie erwähnt, für die Zahlung des Werklohns des Netzverkäufers an den Anlagenbauer anlässlich der erstmaligen Errichtung.

Für den besonderen Sprachgebrauch ist vorliegend auf das Begriffsverständnis in der Kostenrechnung abzustellen, da der Begriff der „historischen Anschaffungs- und Herstellungskosten" als Grundlage der kalkulatorischen Abschreibungen im Rahmen der Kostenartenrechnung (§§ 4 ff. StromNEV) dient. Zunächst soll der Terminus „Anschaffungs- und Herstellungskosten" näher untersucht werden, bevor das Merkmal „historisch" zu beleuchten ist.

In der Kostenrechnung wird in Anlehnung an das Handelsrecht die dort gültige Definition der Anschaffungs- und Herstellungskosten gemäß § 255 HGB verwendet.[16] § 255 Abs. 1 HGB definiert als Anschaffungskosten:

> *„Anschaffungskosten sind die Aufwendungen, die geleistet werden, um einen Vermögensgegenstand zu erwerben und ihn in einen betriebsbereiten Zustand zu versetzen, soweit sie dem Vermögensgegenstand einzeln zugeordnet werden kön-*

---

15 *Duden*, Das große Wörterbuch der deutschen Sprache, Band 1, 1976, S. 154; s. auch *Duden*, Das Herkunftswörterbuch, 2001, S. 703: anschaffen: „kaufen, erwerben".
16 Vgl. *Friedl*, Kostenrechnung (Fn. 13), S. 110; *Jossé*, Basiswissen Kostenrechnung, 4. Auflage 2006, S. 218.

nen. Zu den Anschaffungskosten gehören auch die Nebenkosten sowie die nachträglichen Anschaffungskosten. Anschaffungspreisminderungen sind abzusetzen."

Wenn Anlagegüter vom Markt bezogen werden, sind sie für die Berechnung der Abschreibungsbeiträge mit den Anschaffungskosten zu bewerten. Im Unterschied dazu stellen die Herstellungskosten die Bemessungsgrundlage dar, wenn die Anlagegüter selbst erstellt wurden.[17] Die Herstellungskosten werden in § 255 Abs. 2 S. 1 und 2 HGB wie folgt definiert:

„Herstellungskosten sind die Aufwendungen, die durch den Verbrauch von Gütern und die Inanspruchnahme von Diensten für die Herstellung eines Vermögensgegenstands, seine Erweiterung oder für eine über seinen ursprünglichen Zustand hinausgehende wesentliche Verbesserung entstehen. Dazu gehören die Materialkosten, die Fertigungskosten und die Sonderkosten der Fertigung."

Wenn ein Netzkäufer von einem Energieversorgungsunternehmen das Eigentum an einem Versorgungsnetz erwirbt, so bezieht er dieses vom Markt und erstellt das Anlagegut nicht selbst. Mithin ist zu prüfen, inwieweit der Netzkaufpreis unter den Begriff der Anschaffungskosten fällt.

Die Anschaffungskosten sind nach folgendem Schema zu ermitteln:[18]

Anschaffungspreis
zzgl. Anschaffungsnebenkosten
zzgl. nachträgliche Anschaffungskosten
abzgl. Anschaffungspreisminderungen
= Anschaffungskosten

---

17 *Friedl*, Kostenrechnung (Fn. 13), S. 110.
18 *Baetge/Kirsch/Thiele*, Bilanzen, 8. Auflage 2005, S. 193; *Winnefeld*, Bilanzhandbuch, 4. Auflage 2006, Rn. 468.

Der Anschaffungspreis ist die Ausgangsgröße für die Ermittlung der Anschaffungskosten und kann regelmäßig ohne weiteres den Eingangsrechnungen entnommen werden. Anzusetzen ist der Bruttopreis abzüglich der Umsatzsteuer, da diese für das Unternehmen nur einen durchlaufenden Posten darstellt, soweit sie als Vorsteuer abgezogen werden kann.[19] Der für ein Netz gezahlte Kaufpreis kann als Anschaffungspreis qualifiziert werden.[20] Der Anschaffungspreis stellt in der Regel den Hauptbestandteil der Anschaffungskosten dar. Als Zwischenergebnis zur Auslegung des Begriffs der „Anschaffungs- und Herstellungskosten" i.S.d. § 6 Abs. 2 S. 2 Nr. 2 StromNEV ist damit festzustellen, dass der **Netzkaufpreis** damit unter den Begriff der **Anschaffungskosten** subsumiert werden kann. Diese Betrachtung gilt für den Netzkäufer. Für den Netzverkäufer stellt sich der an den Anlagenbauer gezahlte Werklohn als Posten der Anschaffungs- und Herstellungskosten dar. Folglich bildet der Terminus zwei in Zeitpunkt (ursprüngliche Errichtung und späterer Verkauf) und Höhe (ursprünglicher Werklohn und späterer Kaufpreis) unterschiedliche Vorgänge ab, beurteilt jeweils aus dem Blickwinkel des Netzverkäufers und des Netzkäufers. Welche Betrachtung für § 6 StromNEV zutreffend ist, muss daher in Auslegung des Tatbestandsmerkmals „historisch" sowie nach Sinn und Zweck des § 6 StromNEV geklärt werden.

2. *„Historische" Anschaffungs- und Herstellungskosten*

§ 6 Abs. 2 S. 2 Nr. 2 StromNEV bestimmt weiter, dass die **historischen** Anschaffungs- und Herstellungskosten als Basis der Ab-

---

19 *Baetge/Kirsch/Thiele*, Bilanzen (Fn. 18), S. 193; *Busse von Colbe*, Lexikon des Rechnungswesens, 3. Auflage 1994, S. 41 f.
20 *Ballwieser* in Münchener Kommentar zum Handelsgesetzbuch, Band 4, 2001, § 255 Rn. 6; *Busse von Colbe*, Lexikon des Rechnungswesens (Fn. 19), S. 41 f.

schreibung heranzuziehen sind. Eine Wortauslegung dieses Begriffs kann nach dem allgemeinen Sprachgebrauch sowie nach der besonderen Begriffsbestimmung der StromNEV erfolgen. „Historisch" bedeutet im allgemeinen Sprachgebrauch „ein vergangenes Geschehen betreffend, geschichtlich".[21] Wenn ein Netzkäufer vor der Energierechtsreform – mithin in der Vergangenheit - ein Netz erworben hat, dann kann der damals angefallene Kaufpreis als „historisch" bezeichnet werden. Somit könnte der Begriff „historische Anschaffungs- und Herstellungskosten" nach dem allgemeinen Sprachgebrauch dahingehend verstanden werden, dass hiermit die in der Vergangenheit entstandenen Kosten für den Netzkauf gemeint sind.

Auch bei den Abschreibungen in der Handelsbilanz können in der Vergangenheit angefallene Anschaffungskosten als „historische Anschaffungskosten" bezeichnet werden. Für die Wertansätze der Vermögensgegenstände sieht § 253 Abs. 1 S. 1 HGB vor:

„Vermögensgegenstände sind höchstens mit den Anschaffungs- oder Herstellungskosten, vermindert um Abschreibungen nach den Absätzen 2 und 3 anzusetzen."

Nach dem sog. Anschaffungswertprinzip dürfen Vermögensgegenstände nach dem Zugang höchstens mit den Anschaffungs- und Herstellungskosten als Obergrenze in Ansatz gebracht werden.[22] Für einen Vermögensgegenstand ist im Jahresabschluss der historische Wert anzusetzen, d. h. die Zahlung, die das Unternehmen für die Beschaffung bzw. Herstellung des Gegenstandes geleistet hat.[23]

---

21 *Duden*, Das große Wörterbuch der deutschen Sprache, Band 3, 1977, S. 1259.
22 *Ballwieser* in Münchener Kommentar zum HGB (Fn. 20), § 253 Rn. 1.
23 *Birker*, Das neue Lexikon der BWL, 2005, S. 19; *Busse von Colbe*, Lexikon des Rechnungswesens (Fn. 19), S. 46.

Wenn der Wert eines Vermögensgegenstandes nach dem Erwerb[24] gestiegen ist und der Zeitwert damit über den historischen Anschaffungskosten liegt, so erfolgt nach dem Anschaffungswertprinzip die Bewertung weiterhin nach dem historischen Wert. Nach dem besonderen Sprachgebrauch in der Handelsbilanz können also unter den „historischen Anschaffungskosten" diejenigen Kosten verstanden werden, die ein Erwerber in der Vergangenheit für die Anschaffung erbracht hat. In der Bilanz werden – personenbezogen – die Anschaffungskosten des Bilanzierenden ausgewiesen, d.h. der Erwerber kann den von ihm geleisteten Kaufpreis als Grundlage für Abschreibungen heranziehen.

Gemäß § 253 Abs. 2 S. 1 HGB werden die – historischen – Anschaffungs- und Herstellungskosten als Abschreibungsgrundlage in Ansatz gebracht:

„Bei Vermögensgegenständen des Anlagevermögens, deren Nutzung zeitlich begrenzt ist, sind die Anschaffungs- oder Herstellungskosten um planmäßige Abschreibungen zu vermindern."

Voraussetzung für eine Abschreibung ist danach, dass es sich um einen Gegenstand des Anlagevermögens handelt, dessen Nutzung zeitlich begrenzt ist, wie z. B. Maschinen, maschinelle Anlagen, Gebäude, Betriebs- und Geschäftsausstattung.[25] Gemäß § 247 Abs. 2 HGB sind beim Anlagevermögen nur die Gegenstände auszuweisen, die bestimmt sind, dauernd dem Geschäftsbetrieb zu dienen. Ein Energieversorgungsnetz ist von seiner Zweckbestimmung auf Dauerhaftigkeit angelegt und kann von seiner Eigenart nur zeitlich begrenzt genutzt werden (vgl. Anlage 1 zu § 6 Abs. 5 S. 1 StromNEV: Betriebsgewöhnliche Nutzungsdauer). Mithin sind die Anschaffungs- und Herstellungskosten für ein Netz gemäß § 253 Abs. 2 S. 1 HGB um planmäßige Abschreibungen zu mindern.

---

24 Vgl. zu diesem Begriff *Winnefeld*, Bilanzhandbuch (Fn. 18), Rn. 405.
25 *Winnefeld*, Bilanzhandbuch (Fn. 18), Rn. 955.

Folglich muss ein Netzerwerber in der Handelsbilanz den von ihm erbrachten Kaufpreis als – historische – Anschaffungskosten und damit als Abschreibungsgrundlage um planmäßige Abschreibungen vermindern.

Nach dem allgemeinen Sprachgebrauch und den Grundsätzen des handelsrechtlichen Jahresabschlusses ist also aus dem Blickwinkel des Netzkäufers unter den „historischen Anschaffungs- und Herstellungskosten" der in der Vergangenheit gezahlte Netzkaufpreis zu verstehen. Für den Anwendungsbereich der StromNEV wird dieser Begriff jedoch in § 6 Abs. 2 S. 2 Nr. 2 StromNEV mit Geltungsanspruch für den eigen- und für den fremdfinanzierten Anteil der Netze (§ 6 Abs. 2 S. 2 Nr. 2 und S. 3 StromNEV) legaldefiniert. Die Vorschrift definiert die **historischen** Anschaffungs- und Herstellungskosten als die **jeweiligen, im Zeitpunkt ihrer Errichtung erstmalig aktivierten** Anschaffungs- und Herstellungskosten. Fraglich ist, ob der Netzkaufpreis unter den Begriff der historischen Anschaffungskosten gefasst werden kann, wenn ein Erwerber den Netzkaufpreis als Abschreibungsgrundlage in Ansatz bringen will. In diesem Falle könnte noch bejaht werden, dass ein Erwerber die Anschaffungskosten „erstmalig aktiviert", wenn er sie zum ersten Mal bei der erstmaligen Ermittlung der Netznutzungsentgelte als Abschreibungsgrundlage heranzieht. Jedoch grenzt der Verordnungsgeber den Begriff „historisch" noch weiter gehend dahin ein, dass die erstmalige Aktivierung der Kosten „**im Zeitpunkt der Errichtung**" erfolgt sein muss. Damit sind dann lediglich folgende Fälle erfasst: Einerseits kommt es vor, dass der Netzbetreiber das Netz selbst errichtet und dann die Errichtungskosten als Herstellungskosten im oben ausgeführten Sinne erstmalig selbst aktiviert. Denkbar ist andererseits auch der Fall, dass ein Unternehmen des Anlagenbaus das Netz für den Netzbetreiber erstellt hat (§ 631 BGB), der damit das Netz vom Markt bezieht und den Preis als Anschaffungskosten erstmalig als Abschreibungsgrundlage aktiviert. Folglich stellt der Netzkaufpreis, der bei einem Weiterverkauf vom

Netzbetreiber – dem Netzerrichter/-betreiber oder dem ersten Netzkäufer – an den neuen Eigentümer zu zahlen ist, keine historischen Anschaffungskosten dar. Anders formuliert: Aus der textlichen Analyse des § 6 Abs. 2 S. 2 Nr. 2 StromNEV folgt, dass die historischen Anschaffungs- und Herstellungskosten aus dem Blickwinkel der vom Netzverkäufer für das Netz getätigten Aufwendungen und nicht aus der Warte des Netzkäufers im Sinne des Kaufpreises zu bestimmen sind. § 6 Abs. 7 StromNEV bestätigt diesen Befund. Danach gilt das Verbot der Abschreibungen unter Null ungeachtet der Änderung von Eigentumsverhältnissen. Daraus folgt, dass die Abschreibungsmöglichkeiten infolge von Eigentumsübertragungen anlässlich von Netzverkäufen für die Abschreibung nach § 6 StromNEV insgesamt irrelevant sind. Dies ist allein dadurch erreichbar, dass der Netzverkauf außer Betrachtung bleibt und auch für den Netzerwerber allein die von dem Netzeigentümer zur Zeit der Netzerrichtung getragenen Aufwendungen ausschlaggebend sind. Insoweit decken sich die Aussagen in § 6 Abs. 2 und in § 6 Abs. 7 StromNEV vollständig.

Diese Auffassung vertreten auch die Regulierungsbehörden des Bundes und der Länder in ihrem Positionspapier vom 07.03.2006.[26] Die Behörden führen aus, dass durch die ausdrückliche Bezugnahme auf den *Zeitpunkt der Errichtung* etwaige Änderungen der bilanziellen Anschaffungs- und Herstellungskosten im Verlauf der Nutzung – beispielsweise durch Netzkauf – ohne Einfluss auf die historischen Anschaffungs- und Herstellungskosten seien. Es könne nicht ausgeschlossen werden, dass Netzbetreiber, welche ein Netz erworben haben, nicht die historischen Anschaffungs- und Herstel-

---

26 Vgl. Positionspapier der Regulierungsbehörden des Bundes und der Länder vom 07.03.2006 (Fn. 5), S. 8 f.; ebenso: Positionspapier der Regulierungsbehörden des Bundes und der Länder vom 13.06.2006 (Fn. 5), ZNER 2006, 125; vgl. zur rechtlichen Einordnung des Positionspapiers: *Schalle/Boos*, ZNER 2006, S. 20 Fn. 3.

lungskosten bilanziell fortgeschrieben hätten, sondern den aktivierten Kaufpreis an Stelle der historischen Anschaffungs- und Herstellungskosten bei den Entgeltanträgen angegeben hätten. Die Bewertung des Sachanlagevermögens im Rahmen eines Netzkaufs sei üblicherweise höher als der kalkulatorische Restwert auf Grundlage der historischen Anschaffungs- und Herstellungskosten. Folglich müsse davon ausgegangen werden, dass in diesen Fällen die durch den Netzkauf aktivierten Anschaffungs- und Herstellungskosten der Höhe nach über den historischen Anschaffungs- und Herstellungskosten lägen.

Als **Zwischenergebnis** kann mithin festgehalten werden, dass gemäß § 6 Abs. 2 und Abs. 7 StromNEV die kalkulatorischen Abschreibungen bei Altanlagen ermittelt werden, indem die historischen Anschaffungs- und Herstellungskosten für den fremdfinanzierten Anteil direkt und für den eigenfinanzierten Anteil über die Berechnung des Tagesneuwertes als Basis herangezogen werden. Eine reine Wortauslegung des Begriffs „historische Anschaffungs- und Herstellungskosten" i.S.d. § 6 Abs. 2 Nr. 2 StromNEV spricht zunächst dafür, dass der Netzkaufpreis nicht unter dieses Tatbestandsmerkmal fällt. Zwar kann der Kaufpreis unter den Begriff der „Anschaffungskosten" nach dem allgemeinen Sprachgebrauch und dem Begriffsverständnis der Kostenrechnung subsumiert werden. Jedoch stellt der Begriff „historisch" auf den Zeitpunkt der Errichtung des Netzes ab, sodass der von einem Netzerwerber nach dem Errichtungszeitpunkt gezahlte Kaufpreis nicht erfasst ist. § 6 Abs. 7 StromNEV mit der dort verankerten Irrelevanz von Netzübereignungen bestätigt den Befund.[27] Gemäß § 6 Abs. 2 und Abs. 7 StromNEV könnte der Netzkaufpreis damit nicht als Abschreibungsgrundlage für die kalkulatorischen Abschreibungen gemäß § 6 Abs. 1 StromNEV zu Grunde gelegt werden.

---

27 Vgl. dazu im Einzelnen die Auslegung von § 6 Abs. 6 und 7 StromNEV: B. II. 1.

II. Systematische Auslegung

Fraglich ist, ob das bei der Wortlautauslegung gewonnene Zwischenergebnis, dass der Netzkaufpreis nicht gemäß § 6 Abs. 2 StromNEV als Abschreibungsgrundlage herangezogen werden darf, im Rahmen einer systematischen Auslegung Bestand haben kann. Dabei stellt sich zunächst die Frage, welche Bedeutung § 6 Abs. 6 und 7 StromNEV, also dem **Verbot der Abschreibung unter Null**, für den Prüfungsgegenstand zukommt (**1.**). Weiterhin ist zu untersuchen, ob sich aus dem bereits oben dargestellten Zusammenhang zwischen § 6 StromNEV und § 32 Abs. 3 StromNEV weitere Erkenntnisse für die Interpretation des Begriffs „historische Anschaffungs- und Herstellungskosten" ergeben; **§ 32 Abs. 3 StromNEV** enthält spezielle Vorgaben für die Ermittlung der **kalkulatorischen Restwerte im Erstantrag (2.)**.

1. § 6 Abs. 6 und 7 StromNEV

Zu prüfen ist, ob möglicherweise auch die Vorschriften des § 6 Abs. 6 und 7 StromNEV dem Ansatz des Kaufpreises als Abschreibungsgrundlage entgegenstehen und das bisherige Ergebnis der Auslegung auf einfachgesetzlicher Ebene weiter stützen. Die Vorschriften enthalten weitere Vorgaben und Klarstellungen hinsichtlich der Vorgehensweise im Zusammenhang mit der Berücksichtigung der Wertminderung als Kostenposition bei der Kostenartenrechnung nach der StromNEV. § 6 Abs. 7 StromNEV wurde zur Abstützung des bisher gefundenen Ergebnisses bereits mit herangezogen. Wegen der Bedeutung der Regelung und des Zusammenwirkens der Absätze 6 und 7 des § 6 StromNEV soll die Thematik nachstehend jedoch nochmals grundlegend behandelt werden.

§ 6 Abs. 6 und 7 StromNEV statuieren ein Verbot der Abschreibung unter Null, welches auch ungeachtet der Änderung von Eigentumsverhältnissen gilt. Nach § 6 Abs. 6 S. 1 StromNEV beträgt der kalkulatorische Restwert eines Anlageguts nach Ablauf des ursprünglich angesetzten Zeitraums Null. Ein Wiederaufleben kalkulatorischer Restwerte ist nicht zulässig (§ 6 Abs. 6 S. 2 StromNEV). Schließlich wird in Satz 6 bestimmt, dass keine Abschreibung unter Null erfolgt. Gemäß § 6 Abs. 7 StromNEV gilt das Verbot der Abschreibungen unter Null insbesondere ungeachtet der Änderung von Eigentumsverhältnissen. Auf den ersten Blick hat dies im Falle des Erwerbs eines kalkulatorisch komplett abgeschriebenen Netzes zur Folge, dass der kalkulatorische Restwert Null beträgt und vom Erwerber trotz des gezahlten Kaufpreises keine Abschreibungen mehr auf das Netz vorgenommen werden dürfen.

Bei der Auslegung von § 6 Abs. 6 und 7 StromNEV ist zunächst zu untersuchen, ob es der Wortlaut der Vorschriften ermöglicht, den Netzkaufpreis als Grundlage der kalkulatorischen Abschreibungen anzusetzen.[28] Im Rahmen der Wortauslegung erfolgt weiterhin eine Differenzierung zwischen den verschiedenen Möglichkeiten einer Netzüberlassung, d.h. zwischen konzerninternen und -externen Überlassungsvorgängen (a). Die systematische Einordnung von § 6 Abs. 7 StromNEV in das Regelungswerk der StromNEV gibt einen Hinweis darauf, dass diese Vorschrift lediglich für konzerninterne Überlassungsvorgänge gilt (b). Auch eine Auslegung von § 6 Abs. 7 StromNEV nach Sinn und Zweck führt zu dem Schluss, dass eine teleologische Reduktion des Anwendungsbereichs der Regelung geboten ist (c). Schließlich bestätigt die historische Auslegung das Ergebnis, dass § 6 Abs. 7 StromNEV lediglich für konzerninterne Überlassungsvorgänge gilt (d).

---

28 Vgl. zur Reichweite des § 6 Abs. 6 und 7 StromNEV: *Ballwieser/Lecheler*, Die angemessene Vergütung für Netze nach § 46 Abs. 2 EnWG, Veröffentlichung in der Reihe „Veröffentlichungen des Instituts für Energierecht an der Universität zu Köln" VEnergR im Jahre 2007 geplant.

a) Wortlaut

§ 6 Abs. 6 und 7 StromNEV sehen vor:

(6) Der kalkulatorische Restwert eines Anlageguts beträgt nach Ablauf des ursprünglich angesetzten Abschreibungszeitraums Null. Ein Wiederaufleben kalkulatorischer Restwerte ist unzulässig. Bei Veränderung der ursprünglichen Abschreibungsdauer während der Nutzung ist sicherzustellen, dass keine Erhöhung der Kalkulationsgrundlage erfolgt. In einem solchen Fall bildet der jeweilige Restwert des Wirtschaftsguts zum Zeitpunkt der Abschreibungsdauerumstellung die Grundlage der weiteren Abschreibung. Der neue Abschreibungsbetrag ergibt sich aus der Division des Restwertes durch die Restabschreibungsdauer. Es erfolgt keine Abschreibung unter Null.

(7) Das Verbot von Abschreibungen unter Null gilt ungeachtet der Änderung von Eigentumsverhältnissen oder der Begründung von Schuldverhältnissen.

§ 6 Abs. 6 S. 1 StromNEV bestimmt, dass grundsätzlich nur die ursprünglich angesetzte Nutzungsdauer (Abschreibungszeitraum) eines Anlagegutes für die Abschreibung verwendet werden darf; nach Ablauf dieses Zeitraums beträgt der kalkulatorische Restwert Null. Nach Satz 2 der Vorschrift ist ein Wiederaufleben kalkulatorischer Restwerte unzulässig. Hierdurch wird der Regelungsgehalt von Satz 1 bestätigt. Wird die ursprüngliche Nutzungsdauer während der Nutzung geändert, ordnen § 6 Abs. 6 S. 3 und 4 StromNEV ausdrücklich an, dass die Kalkulationsgrundlage nicht erhöht werden darf und als weitere Abschreibungsgrundlage der Restwert des Wirtschaftsguts bei Umstellung der Abschreibungsdauer zu Grunde zu legen ist. Schließlich statuiert § 6 Abs. 6 S. 6 StromNEV, dass keine Abschreibung unter Null erfolgt. Wenn bei einem Anlagegut für den gesamten, ursprünglich angesetzten Abschreibungszeitraum bereits kalkulatorische Abschreibungen in Ansatz gebracht worden sind, ist der Vermögensgegenstand bereits vollständig abgeschrieben. Das Verbot der Abschreibung unter Null bedeutet, dass bei einem bereits abgeschriebenen Anlagegut keine weiteren Abschreibungen mehr erfolgen dürfen.[29]

§ 6 Abs. 7 StromNEV legt fest, dass das Verbot von Abschreibungen unter Null inbesondere auch bei Eigentumsänderungen gilt. Der Wortlaut von § 6 Abs. 7 StromNEV bezieht sich zunächst allgemein auf die „Änderung von Eigentumsverhältnissen". Wendet man dies auf den Fall des Netzverkaufs wortgetreu an, so gilt Folgendes: Wenn ein Netzkäufer ein kalkulatorisch komplett abgeschriebenes Netz übernimmt, so beträgt der kalkulatorische Restwert des Anlagegutes Null (§ 6 Abs. 6 S. 1 StromNEV). Der Netzerwerber könnte nach dem Wortlaut von § 6 Abs. 6 und 7 StromNEV den gezahlten Netzkaufpreis nicht als Anschaffungs- und Herstellungskosten in Ansatz bringen, da hierin eine Abschreibung unter Null und ein Wiederaufleben kalkulatorischer Restwerte liegen würde. Aus § 6 Abs. 7 StromNEV folgt gerade die Irrelevanz der Eigentumsübertragung für die Behandlung der Abschreibungen. Zwar betrifft der Wortlaut unmittelbar nur die Änderung der Eigentumsverhältnisse am Netz. Eine solche sachenrechtliche Restriktion aber wird der wirtschaftlichen Bedeutung der Norm nicht gerecht. Gemeint ist offensichtlich die Unerheblichkeit aller ökonomisch mit der Eigentumsübertragung verbundenen Vorgänge. Dies sind neben der Netzübertragung der obligatorische Kaufvertrag (§ 433 BGB) und die auf seiner Grundlage erfolgte Kaufpreiszahlung. Bei jedem anderen Verständnis liefe § 6 Abs. 7 StromNEV leer. Somit spricht der Wortlaut der Norm dagegen, dass der Netzerwerber den Kaufpreis als Abschreibungsgrundlage und damit auch bei der Ermittlung der Netzentgelte in Ansatz bringen darf. Er hätte mithin nicht die Möglichkeit, die Kosten des Netzkaufes als Netzkosten bei der Genehmigung nach § 23a EnWG einzubringen.

---

[29] Vgl. zur Abschreibung unter Null bei kalkulatorischen Abschreibungen in der Kostenrechnung: *Coenenberg*, Kostenrechnung und Kostenanalyse, 5. Auflage 2003, S. 44.

b) Systematik

Fraglich ist im Rahmen einer systematischen Auslegung des § 6 Abs. 7 StromNEV, in welcher Weise das Tatbestandsmerkmal „Änderung von Eigentumsverhältnissen" im Bedeutungszusammenhang der StromNEV zu verstehen ist. Möglicherweise ergibt sich auch aus der Gesetzessystematik eine restriktive Auslegung oder – gegenteilig – eine Bestätigung des gefundenen Ergebnisses. Insoweit ist der Bedeutungszusammenhang mit § 4 Abs. 5 StromNEV zu beachten.

§ 4 Abs. 5 S. 1 StromNEV regelt, dass Kosten oder Kostenbestandteile, die auf Grund einer Überlassung betriebsnotwendiger Anlagegüter anfallen, nur in der Höhe als Kosten anerkannt werden können, wie sie anfielen, wenn der Betreiber Eigentümer der Anlagen wäre. Gemäß S. 2 der Vorschrift hat der Betreiber des Elektrizitätsversorgungsnetzes die erforderlichen Nachweise zu führen. § 4 Abs. 5 StromNEV wurde Bestandteil der Verordnung, weil während des Gesetzgebungsverfahrens in der Energiewirtschaft unterschiedlich beurteilt wurde, ob die Netzkostenermittlung nach der StromNEV auch für den Fall gelten würde, dass die Entflechtungsvorgaben durch ein Pachtmodell verwirklicht werden und ob die Berechnung des Pachtzinses nach der StromNEV zu erfolgen habe und der Überprüfung durch die Regulierungsbehörde unterläge.[30] Diese Fragen erfuhren durch den Erlass des § 4 Abs. 5 StromNEV in materieller und verfahrenstechnischer Hinsicht eine normative Entscheidung. Da § 4 Abs. 5 StromNEV also vor dem Hintergrund der Entflechtungsvorgaben in das Regelungswerk eingefügt wurde, lässt sich in dieser Hinsicht eine inhaltliche Parallele zu § 6 Abs. 7 StromNEV feststellen.

---

30 Vgl. *Büdenbender/Rosin/Bachert*, Kaufpreis und Ertragswert von Stromverteilernetzen (Fn. 12), S. 84 f.

c) Sinn und Zweck

Weiterhin ist § 6 Abs. 7 StromNEV nach dem Sinn und Zweck der Regelung auszulegen. Dabei wird eine Vorschrift innerhalb ihres möglichen Wortsinns und in Übereinstimmung mit dem Bedeutungszusammenhang des Gesetzes in dem Sinne ausgelegt, der ihren erkennbaren Zwecken am besten entspricht. Wenn man § 6 Abs. 7 StromNEV nur bei konzerninternen Überlassungsvorgängen anwendet, dann erfolgt eine **teleologische Reduktion** des Anwendungsbereichs der Vorschrift. Bei einer teleologischen Reduktion wird eine gesetzliche Regel, die nach ihrem insoweit eindeutigen Wortsinn zu weit gefasst ist, auf den Anwendungsbereich zurückgeführt, der ihr nach dem Sinn und Zweck der Regelung oder dem Sinnzusammenhang des Gesetzes zusteht.[31] Hierdurch wird eine sog. verdeckte Lücke ausgefüllt, bei der es geboten ist, eine gesetzliche Regel entgegen ihrem Wortsinn, aber entsprechend der gesetzesimmanenten Teleologie einzuschränken. Die teleologische Reduktion wird durch das Gebot der Gerechtigkeit gerechtfertigt, Ungleiches ungleich zu behandeln, d. h. die wertungsmäßig gebotenen Differenzierungen vorzunehmen.

Ausweislich der Gesetzgebungsmaterialien zur StromNEV besteht das Ziel der Verordnung darin, wirksamen Wettbewerb auf dem Elektrizitätsmarkt zu ermöglichen.[32] Der Verordnungsgeber weist darauf hin, dass der durch die StromNEV angestoßene Wettbewerb sich positiv auf das allgemeine Preisniveau, insbesondere auf das Verbraucherpreisniveau auswirken könne.[33] Die StromNEV regelt im Einzelnen die Vorgaben für eine kostenorientierte Kalkulation der Netzentgelte und ermöglicht eine effiziente (Missbrauchs)Aufsicht durch die Regulierungsbehörde. Hinter

---

31 *Larenz*, Methodenlehre der Rechtswissenschaft, 6. Auflage 1991, S. 391 f.
32 BR-Drucks. 245/05, S. 1.
33 BR-Drucks. 245/05, S. 2, 31.

§ 6 Abs. 7 StromNEV steht der Sinn und Zweck, dass die Netznutzungsentgelte durch die Vermeidung doppelter Abschreibungen möglichst niedrig ausfallen sollen, um solcherart die Strompreise zu senken. Dies spiegelt den in § 1 Abs. 1 EnWG aufgenommenen Gesetzeszweck wider, dass u.a. eine möglichst preisgünstige Versorgung der Allgemeinheit mit Strom und Gas sichergestellt werden solle. Wenn ein Netzkäufer als Grundlage der kalkulatorischen Abschreibungen einen Netzkaufpreis ansetzt, der über dem kalkulatorischen Restwert des Anlagegutes liegt, dann hat dies tendenziell eine preiserhöhende Wirkung. Dies spricht gegen die Ansetzung des gezahlten Kaufpreises als Abschreibungsgrundlage.

Diese Gesichtspunkte stehen jedoch in einem Spannungsverhältnis zu den weiteren gesetzlichen Zielen, die der Gesetzgeber mit der Energierechtsreform verfolgt hat. Ein Ziel besteht darin, dass weiterhin ein wirksamer Wettbewerb um Netzgebiete möglich sein soll.[34] Es gilt bereits seit 1980 infolge der 4. GWB-Novelle (§ 103a Abs. 1, 4 GWB a.F.) über § 13 EnWG bis heute (§ 46 EnWG) fort und ergänzt ordnungspolitisch den seit 1998 möglichen sowie erwünschten Wettbewerb mehrerer Lieferanten um dieselben Kunden. Der BGH hat in der Kaufering-Entscheidung – insoweit bis heute gültig – explizit darauf hingewiesen, dass wenigstens alle 20 Jahre ein Wettbewerb um Versorgungsgebiete stattfinden soll, um eine Verbesserung der Versorgungsbedingungen zu erreichen.[35] Dieses Wettbewerbsziel wird aber wesentlich erschwert, wenn – unter den oben geschilderten Rahmenbedingungen - kein wirtschaftlicher Anreiz für eine Netzübernahme mehr besteht und Interessenten für einen Netzkauf dann ausbleiben.[36]

---

34 *Büdenbender/Rosin/Bachert*, Kaufpreis und Ertragswert von Stromverteilernetzen (Fn. 12), S. 115.
35 BGH, Urteil vom 16.11.1999, BGHZ 143, 129 (146); vgl. unten C. II. 2. a).
36 *Büdenbender/Rosin/Bachert*, Kaufpreis und Ertragswert von Stromverteilernetzen (Fn. 12), S. 86 f.

Aber auch der Schutz des Netzeigentümers, insbesondere nach Art. 14 GG, stellt ein zu berücksichtigendes Interesse bei einer Gesamtschau der Interessenlage dar. Für den Netzkäufer ist insbesondere die Möglichkeit einer kalkulatorischen Eigenkapitalverzinsung nach § 7 StromNEV von Bedeutung. Gemäß § 21 Abs. 2 S. 1 EnWG muss der Netzbetreiber die Möglichkeit haben, das eingesetzte Kapital angemessen, wettbewerbsfähig und risikoangepasst zu verzinsen. Diese Verzinsungsmöglichkeit darf dem Netzerwerber nicht dadurch genommen werden, dass ihm der entsprechende Kapitalanteil des Netzkaufpreises als Abschreibungsgrundlage versagt wird.[37] Gemäß § 7 Abs. 1 S. 1 StromNEV kann der Netzbetreiber das von ihm eingesetzte Eigenkapital im Wege einer kalkulatorischen Eigenkapitalverzinsung auf Grundlage des betriebsnotwendigen Eigenkapitals verzinsen. Das betriebsnotwendige Eigenkapital ergibt sich – bezüglich der Altanlagen - gemäß § 7 Abs. 1 S. 2 StromNEV unter Berücksichtigung der Eigenkapitalquote nach § 6 Abs. 2 aus der Summe der
- kalkulatorischen Restwerte des Sachanlagevermögens der betriebsnotwendigen Altanlagen bewertet zu historischen Anschaffungs- und Herstellungskosten und multipliziert mit der Fremdkapitalquote (§ 7 Abs. 1 S. 2 Nr. 1 StromNEV) und der
- kalkulatorischen Restwerte des Sachanlagevermögens der betriebsnotwendigen Altanlagen bewertet zu Tagesneuwerten und multipliziert mit der Eigenkapitalquote (§ 7 Abs. 1 S. 2 Nr. 2 StromNEV).

Das betriebsnotwendige Eigenkapital umfasst neben den kalkulatorischen Restwerten des Sachanlagevermögens der betriebsnotwendigen Altanlagen weiterhin die kalkulatorischen Restwerte des Sachanlagevermögens der Neuanlagen sowie die Bilanzwerte der Finanzanlagen und des Umlaufvermögens (§ 7 Abs. 1 S. 2 Nr. 3 und 4 StromNEV). Der Netzkäufer hat für den Erwerb des Versor-

---

[37] *Schalle/Boos*, ZNER 2006, 20, 24.

gungsnetzes Eigenkapital eingesetzt und möchte über die Eigenkapitalverzinsung einen Gewinn erwirtschaften. Wenn das erworbene Netz jedoch bereits komplett abgeschrieben ist, beträgt dessen kalkulatorischer Restwert Null. Es ist dann fraglich, ob gemäß § 6 Abs. 6 und 7 StromNEV keine Abschreibung erfolgen darf. Dies würde dem gesetzlichen Ziel entgegenstehen, gemäß § 21 Abs. 2 S. 1 EnWG eine angemessene Verzinsung des eingesetzten Kapitals sicherzustellen. Die Gesetzesbegründung führt zu dieser Vorschrift u.a. aus:[38]

„Es genügt, den Anspruch der Kapitalgeber auf angemessene Verzinsung des eingesetzten Kapitals gesetzlich zu normieren. Detailregelungen zu den Kalkulationsprinzipien sollten den Netzentgeltverordnungen vorbehalten bleiben."

Die Gesetzesbegründung zeigt auf, dass die gesetzlich vorgesehene angemessene Verzinsung des Kapitals auf jeden Fall sichergestellt sein soll. Dieses gesetzliche Postulat wäre nicht eingehalten, wenn das Verbot der Abschreibung unter Null i.S.d. § 6 Abs. 6 und 7 StromNEV uneingeschränkt auf alle Fallkonstellationen anzuwenden wäre und der Erwerber dann nicht mehr die Möglichkeit hätte, das beim Netzkauf eingesetzte Eigenkapital angemessen zu verzinsen. § 6 Abs. 6 und 7 StromNEV können auf Grund von Art. 80 Abs. 1 GG, wonach sich Inhalt, Zweck und Ausmaß einer Rechtsverordnung aus der Ermächtigungsgrundlage ergeben müssen sowie wegen des Prinzips vom Vorrang des Gesetzes (Art. 20 Abs. 1 GG) nicht dazu führen, dass eine angemessene (Eigen-) Kapitalverzinsung gemäß § 21 Abs. 2 S. 1 EnWG nicht erreichbar ist. Auch abgeschriebene Anlagen gehören zum Eigenkapital und bilden nach unstreitigen betriebswirtschaftlichen Grundlagen eine Grundlage der Verzinsung. So käme z.B. kein Speditionsunternehmen auf den Gedanken, seine abgeschriebenen Fahrzeuge bei der

---

38 BT-Drucks. 15/3917, S. 84.

Kalkulation der Transportpreise nicht mehr zu berücksichtigen. Ebenso wäre es abwegig, wenn ein Wettbewerber die Veräußerung eines abgeschriebenen Fahrzeugs zu EUR 1,00 verlangen würde; selbstverständlich wird dafür ein dem Marktpreis für gebrauchte Speditionsfahrzeuge entsprechender Kaufpreis bezahlt. In der Terminologie der Motive zu § 6 StromNEV lässt sich insoweit die Feststellung treffen, dass die Speditionskunden die Fahrzeuge mehrfach „bezahlen"!

Weiterhin ist bei einer Gesamtschau der Interessenlage auch der Schutz des bisherigen Netzeigentümers und Netzverkäufers zu berücksichtigen. Für ihn ist insbesondere bedeutsam, unter welchen Voraussetzungen er nach einer gewissen zeitlichen Geltungsdauer des Netzbetriebs zur Überlassung seines Netzes verpflichtet ist. Ein Energieversorgungsunternehmen schließt mit einer Gemeinde einen sog. Konzessionsvertrag, der die Nutzung öffentlicher Verkehrswege für die Verlegung und den Betrieb von Leitungen zur Durchführung der allgemeinen Versorgung regelt. Bis zum Inkrafttreten der Energierechtsreform 1998 regelten allein die Konzessionsverträge selbst, welche Übernahmeansprüche hinsichtlich des Netzes nach Vertragsablauf bestanden. Danach ergab sich für den Energieversorger eine gesetzliche Überlassungspflicht zunächst aus § 13 Abs. 2 S. 2 EnWG 1998. Nunmehr regelt § 46 Abs. 2 S. 2 EnWG 2005 eine Begrenzung der Laufzeit von Konzessionsverträgen und die Pflicht zur Überlassung des Netzes an das neue Energieversorgungsunternehmen.[39] Eine Überlassungspflicht für ein Versorgungsnetz kann sich für ein Energieversorgungsunternehmen mithin auf vertraglicher oder gesetzlicher Grundlage ergeben.

Die Höhe des Kaufpreises für die Überlassung ergibt sich aus der Endschaftsbestimmung im Konzessionsvertrag oder wird in § 46 Abs. 2 S. 2 EnWG als „wirtschaftlich angemessene Vergü-

---

[39] Vgl. zur Auslegung des § 46 Abs. 2 S. 2 EnWG: *Ballwieser/Lecheler*, Die angemessene Vergütung für Netze nach § 46 Abs. 2 EnWG (Fn. 28).

tung" festgelegt. Aus Sicht des Netzerwerbers ist es bei der Bemessung des Kaufpreises bedeutsam, in welcher Höhe er zukünftig durch die Erhebung von Netznutzungsentgelten Erträge erzielen kann. Dabei ist es von entscheidendem Einfluss auf den finanziellen Ertrag des Netzerwerbers, inwieweit er bei der Ermittlung der Netzentgelte über kalkulatorische Abschreibungen eine Amortisation des Netzkaufpreises erreichen kann. Auch wenn die Refinanzierung der Netzübernahmekosten nicht das einzig ausschlaggebende Kriterium für eine Rentabilitätserwartung ist, so kommt diesem Gesichtspunkt angesichts der Höhe der gezahlten Beträge doch eine nachhaltige Bedeutung für eine mögliche Übernahme zu. Übernimmt z. B. ein Netzerwerber ein komplett abgeschriebenes Netz, dann hätte er keine Möglichkeit zu weiteren Abschreibungen und einer kalkulatorischen Eigenkapitalverzinsung gemäß § 7 StromNEV, da gemäß § 6 Abs. 7 StromNEV ein Verbot der Abschreibung unter Null gilt und ein Wiederaufleben kalkulatorischer Restwerte unzulässig ist. Weil ein entsprechender Ertragswert des Netzes nicht erzielt werden könnte, wären Netzinteressenten nicht bereit, den Sachzeitwert für den Erwerb des Netzes zu bezahlen. Ein Wettbewerb fände dann nicht statt.

Als weiterer Aspekt ist bei einer Interessenwürdigung anzuführen, dass die Netzentgeltgenehmigung nach § 23a EnWG als staatliche Aufsichtsmaßnahme nicht den Zweck hat, die Energieversorgungsunternehmen in die Rolle von Kostenerstattungsempfängern zu weisen und ihnen ein marktwirtschaftliches Verhalten unmöglich zu machen.[40] Wenn aber § 6 Abs. 7 StromNEV auch auf konzernexterne Eigentumsübertragungen Anwendung finden würde, dann könnte einerseits der bisherige Netzbetreiber mit dem Verkauf des Netzes keinen Gewinn erwirtschaften. Diese Gewinnmöglichkeit hat der BGH in der Kaufering-Entscheidung jedoch ausdrück-

---

40 *Büdenbender/Rosin/Bachert*, Kaufpreis und Ertragswert von Stromverteilernetzen (Fn. 12), S. 86.

lich als zulässig angesehen. Für den Netzkäufer wäre es nicht möglich, für das beim Netzerwerb eingesetzte Eigenkapital eine angemessene Verzinsung über § 7 Abs. 1 StromNEV und damit einen Gewinn zu erzielen.

d) Historische Auslegung

Für die historische Auslegung ist der Blick zunächst auf die Gesetzgebungsmaterialien zu § 6 Abs. 7 StromNEV zu richten. Die Gesetzesbegründung führt zu dieser Vorschrift u.a. aus:[41]

„Eine von den historischen Anschaffungs- und Herstellungskosten abweichende handelsrechtliche Um- oder Neubewertung des Anlagevermögens bleibt ohne Auswirkung auf die Ermittlung der kalkulatorischen Abschreibungen."

Mit dem Ausdruck der „handelsrechtlichen Um- oder Neubewertung" wird nicht üblicherweise darauf hingewiesen, dass der Eigentumserwerb des Anlagevermögens durch einen externen Dritten erfolgt.[42] Für eine dritte Person als Käufer ist nicht die handelsrechtliche Bewertung, sondern sind vielmehr die Anschaffungskosten d.h. der Netzkaufpreis, betriebswirtschaftlich von Bedeutung.[43] In diesen Fällen gilt also hinsichtlich der Bilanzierung das Anschaffungskostenprinzip (§ 253 Abs. 1 S. 1 HGB). Handelsrechtlich werden in § 255 Abs. 1 S. 1 HGB die Anschaffungskosten als die Aufwendungen definiert, die geleistet werden, um einen Vermögensgegenstand zu erwerben und ihn in einen betriebsbereiten Zustand zu versetzen, soweit sie dem Vermögensgegenstand einzeln zugeordnet werden können. Im Gegensatz zu den Gesetzgebungsmaterialien, die von einer handelsrechtlichen Um- oder Neubewer-

---

41 BR-Drucks. 245/05, S. 35.
42 *Büdenbender/Rosin/Bachert*, Kaufpreis und Ertragswert von Stromverteilernetzen (Fn. 12), S. 84.
43 Vgl. oben B. I.

tung sprechen, unterliegen die „Anschaffungskosten" grundsätzlich dem so genannten Fixwertprinzip, d.h. bei der Bemessung der Anschaffungskosten sind keine Bewertungswahlrechte eingeräumt und es gibt nur einen Wertansatz.[44] Hieraus ist zu schließen, dass die Zielsetzung von § 6 Abs. 7 StromNEV lediglich auf konzerninterne Überlassungsvorgänge, insbesondere auf Umstrukturierungen im Rahmen der Entflechungsvorgaben, gerichtet ist. Bei Umstrukturierungen räumt § 24 UmwG ausdrücklich ein Bewertungswahlrecht ein: Es kann entweder das Anschaffungskostenprinzip oder die Buchwertfortführung angewandt werden. § 24 UmwG regelt unter der Überschrift „Wertansätze des übernehmenden Rechtsträgers":

„In den Jahresbilanzen des übernehmenden Rechtsträgers können als Anschaffungskosten im Sinne des § 253 Abs. 1 des Handelsgesetzbuchs auch die in der Schlussbilanz eines übertragenden Rechtsträgers angesetzten Werte angesetzt werden."

Dieses Wahlrecht schließt § 6 Abs. 7 StromNEV seinem Wortlaut nach aus. Bei derartigen Umstrukturierungen können mithin nur die historischen Anschaffungs- und Herstellungskosten angesetzt werden. Die Würdigung der Gesetzgebungsmaterialien deutet demnach darauf hin, dass § 6 Abs. 7 StromNEV gerade auf die Fälle des Unbundling abzielt. Eine rechtliche Entflechtung gemäß § 7 EnWG umfasst keine Pflicht zum Ownership Unbundling, sodass stets konzerninterne Maßnahmen vorliegen.

Im Rahmen der Entstehungsgeschichte des § 6 Abs. 7 StromNEV ist für die historische Auslegung weiterhin zu berücksichtigen, dass die Grundlagen der StromNEV zu großen Teilen in der Verbändevereinbarung Strom in ihrer letzten Fassung (VV II

---

44 Vgl. *Büdenbender/Rosin/Bachert*, Kaufpreis und Ertragswert von Stromverteilernetzen (Fn. 12), S. 84 mit Hinweis auf: Buchner, Buchführung und Jahresabschluss, 5. Auflage, München 1997, S. 21.

plus)[45] zu finden sind. Für die Bestimmung der Netznutzungsentgelte waren der VV II plus - als Anlage 3 - Preisfindungsprinzipien hinzugefügt.[46] Nach den Grundsätzen der Preisfindungsprinzipien erfolgte die Preisbildung u.a. auf der Basis einer kalkulatorischen Kosten- und Erlösrechnung. Unter Ziffer 3.1.1 - Berechnung der kalkulatorischen Abschreibungsbeiträge - regeln die Preisfindungsprinzipien u.a.:

„*... Es erfolgt keine Abschreibung unter Null, d.h. die Restwerte betragen nach Ablauf des ursprünglich angesetzten Abschreibungszeitraums Null und ein Wiederaufleben von kalkulatorischen Restwerten wird ausgeschlossen. ... Ebenso dürfen im Zuge konzerninterner Veräußerungen von Wirtschaftsgütern die bestehenden Restwerte dieser Güter nicht missbräuchlich erhöht werden.*"

Vergleicht man den Wortlaut von § 6 Abs. 6 und 7 StromNEV mit Ziffer 3.1.1 der Preisfindungsprinzipien zum Verbot der Abschreibungen unter Null, so weist die Ähnlichkeit der Formulierung darauf hin, dass der Gesetzgeber beim Entwurf der vorgenannten Vorschriften der StromNEV auf die bereits vorhandenen Abschreibungsmodalitäten in den Preisfindungsprinzipien zurückgegriffen hat. Bei diesem Befund aus der Entstehungsgeschichte richtet sich das Augenmerk aber auch besonders darauf, dass die Preisfindungsprinzipien ausdrücklich zwischen konzerninternen und -externen Veräußerungen von Wirtschaftsgütern unterscheiden und die missbräuchliche Erhöhung von bestehenden Restwerten nur hinsichtlich konzerninterner Überlassungen untersagen. Dieser entstehungsgeschichtliche Zusammenhang weist in Verbindung mit den Gesetzgebungsmaterialien zu § 6 Abs. 7 darauf hin, dass

---

45 Bundesanzeiger Nr. 85 b vom 08.05.2002.
46 Preisfindungsprinzipien, Anlage 3 zur Verbändevereinbarung über Kriterien zur Bestimmung von Netznutzungsentgelten für elektrische Energie und über Prinzipien der Netznutzung vom 13.12.2001 und Ergänzung vom 23.04.2002.

§ 6 Abs. 7 StromNEV lediglich für konzerninterne Überlassungsvorgänge gilt. Daraus folgt, dass die Norm für Stadt- und Kreiswerke keine Bedeutung entfaltet, da es hier in der Praxis in den zu behandelnden Altfällen (Netzerwerb vor Inkrafttreten der Energierechtsreform 2005) in keinem Fall zu einer Stadt-/Kreiswerke-konzerninternen Veräußerung von Verteilernetzen gekommen ist.

2. Kalkulatorischer Restwert gemäß § 32 Abs. 3 StromNEV

Weiterhin ist zu prüfen, ob sich zusätzliche Erkenntnisse für die Interpretation des Begriffs „historische Anschaffungs- und Herstellungskosten" aus dem bereits oben dargestellten Zusammenhang zwischen § 6 StromNEV und § 32 Abs. 3 StromNEV entnehmen lassen. Zur erstmaligen Ermittlung der Netzentgelte trifft § 32 Abs. 3 StromNEV detaillierte Regelungen über die Bestimmung der kalkulatorischen Restwerte.[47] Diese Vorschrift wurde erst im Vermittlungsverfahren zum Zweiten Gesetz zur Neuregelung des Energiewirtschaftsrechts in die StromNEV eingefügt. Sie geht zurück auf eine Forderung der B-Länder, eine Regelung über die Bestimmung der aktuellen kalkulatorischen Restwerte des Sachanlagevermögens einzufügen.[48] Zur Begründung wurde angeführt, dass der Verordnungsentwurf zur StromNEV insoweit eine Regelungslücke aufwiese, die angesichts der außerordentlichen Bedeutung dieser Frage nicht hinnehmbar sei. § 32 Abs. 3 S. 1 StromNEV bestimmt, welche Abschreibungsgrundlagen für den eigen- und den

---

47 Vgl. oben A. II.
48 Vermittlungsverfahren zum Zweiten Gesetz zur Neuregelung des Energiewirtschaftsrechts (BR-Drucks. 248/05); Forderungen der B-Seite nach Änderungen des Gesetzes und der Entwürfe der Netzzugangs- und Netzentgeltverordnung Strom und Gas vom 31.05.2006, Liste II: „Technische Punkte", S. 5 f.

fremdfinanzierten Anteil des Sachanlagevermögens in Ansatz zu bringen sind. Die Sätze 2 bis 4 der Regelung geben vor, welche Nutzungsdauern zur Bestimmung des kalkulatorischen Restwertes anzusetzen sind.

In § 32 Abs. 3 S. 1 StromNEV heißt es:

„Zur erstmaligen Ermittlung der Netzentgelte nach Absatz 2 sind die kalkulatorischen Restwerte des Sachanlagevermögens für den eigenfinanzierten Anteil auf Tagesneuwertbasis nach § 6 Abs. 3, für den fremdfinanzierten Anteil anschaffungsorientiert zu bestimmen und anlagenscharf zu dokumentieren."

Für den kalkulatorischen Restwert hinsichtlich des eigenfinanzierten Anteils nimmt die Vorschrift ausdrücklich Bezug auf die Abschreibung auf Tagesneuwertbasis nach § 6 Abs. 3 StromNEV. Ein vergleichbarer Verweis auf § 6 StromNEV erfolgt jedoch nicht für den kalkulatorischen Restwert des **fremdfinanzierten Anteils** des Anlageguts. Vielmehr verlangt § 32 Abs. 3 S. 1 StromNEV, dass der kalkulatorische Restwert des Sachanlagevermögens für den fremdfinanzierten Anteil „**anschaffungsorientiert**" bestimmt und „anlagenscharf" dokumentiert werden soll. Der Verordnungsgeber stellt also im Unterschied zu § 6 Abs. 2 StromNEV, wonach die historischen Anschaffungs- und Herstellungskosten für die Abschreibung maßgeblich sind, in § 32 Abs. 3 S. 1 StromNEV auf eine „anschaffungsorientierte" Bestimmung der kalkulatorischen Restwerte ab.

Es stellt sich nun die Frage, warum kein vollumfänglicher Verweis hinsichtlich der Restwertermittlung auf § 6 StromNEV im Rahmen der speziell für den Erstantrag nach § 23a EnWG formulierten Sonderregelung in § 32 Abs. 3 StromNEV aufgenommen wurde und ob daraus Argumente für die Abschreibungsfähigkeit des Netzkaufpreises ableitbar sind. Zur Beantwortung dieser Frage ist zunächst die (Wort)Bedeutung des Begriffs „**anschaffungsorientiert**" zu klären.

a) Wortlaut

Der Begriff kann in die zwei Wortbestandteile „Anschaffung" und „orientiert" aufgeteilt werden. Das Element der „Anschaffung" wurde bereits oben beschrieben als „der käufliche Erwerb eines Gegenstandes von längerem Bestand". Dies spricht dafür, dass ein für ein Stromnetz gezahlter Kaufpreis als Basis für den fremdfinanzierten Anteil zur Bestimmung der kalkulatorischen Restwerte im Rahmen des Erstantrags nach § 32 Abs. 3 S. 1 StromNEV angesetzt werden könnte.

Der Ausdruck „**orientiert**" weist darauf hin, dass der fremdfinanzierte Anteil nicht exakt in der Höhe bestimmt werden muss, sondern dass ein auf die Anschaffung bezogener **Näherungswert** ausreichend ist. Insoweit entspricht die Begriffsstruktur der Orientierung an den Kosten der Elektrizitätsversorgung in § 1 Abs. 1 S. 2 BTOElt anstelle einer vollständigen Kostenechtheit. Der Begriff „anschaffungsorientiert" ist damit in jedem Fall **weiter** als der in § 6 Abs. 2 S. 2 Nr. 2 StromNEV enthaltene Ausdruck der historischen Anschaffungs- und Herstellungskosten. Denn Letzterer wird dort exakt definiert als die „jeweiligen, im Zeitpunkt ihrer Errichtung erstmalig aktivierten Anschaffungs- und Herstellungskosten". Danach ist ein exakter Wert zu ermitteln. Sollte also der Kaufpreis, den der Erwerber für ein Stromnetz gezahlt hat, (erstaunlicherweise) nicht mehr bekannt sein, so könnte er nach diesem Verständnis des § 32 Abs. 3 S. 1 StromNEV auch näherungsweise bestimmt werden.

Als Zwischenergebnis kann somit zunächst festgehalten werden, dass die von § 32 Abs. 3 S. 1 StromNEV im Erstantrag geforderte „anschaffungsorientierte" Bestimmung des fremdfinanzierten Anteils für die Möglichkeit einer Berücksichtigung des gezahlten Kaufpreises spricht.

Zu beachten ist aber zunächst, dass die kalkulatorischen Restwerte des Sachanlagevermögens für den fremdfinanzierten Anteil nach § 32 Abs. 3 S. 1 StromNEV nicht nur anschaffungsorientiert zu bestimmen sind, sondern dass sie auch „**anlagenscharf dokumentiert**" werden müssen. Anders gewendet: Es besteht auch die Notwendigkeit, anschaffungsbezogene Werte für die einzelnen Sachanlagegüter festzulegen. Wenn man den Kaufpreis unter die Anforderung „anschaffungsorientierte Bestimmung" subsumieren würde, dann müsste in jedem Fall auch dieses Erfordernis erfüllt werden (können). Dies erscheint jedenfalls in den Fällen nicht ausgeschlossen, in denen der Kaufpreis mit Hilfe eines Sachzeitwertgutachtens ermittelt wurde und dieses Gutachten den einzelnen Anlagegütern Sachzeitwerte zuerkennt, die dann möglicherweise zumindest den Rückschluss auf näherungsweise bestimmte historische Anschaffungskosten für einzelne Anlagegüter zulassen. Mithin wäre bei Ansatz des Kaufpreises jedenfalls grundsätzlich auch diese Anforderung des § 32 Abs. 3 S. 1 StromNEV zu erfüllen.

b) Sinn und Zweck

Gleichwohl bestehen **Bedenken** dagegen, das Tatbestandsmerkmal der „anschaffungsorientierten Bestimmung" in dem bislang herausgearbeiteten Sinne zu verstehen. Denn eine solche Interpretation würde diesen Ausdruck völlig losgelöst von den Vorgaben des § 6 StromNEV interpretieren. Es kann aber nicht davon ausgegangen werden, dass § 32 Abs. 3 S. 1 StromNEV als Übergangsregelung die Grundsätze betreffend die kalkulatorische Abschreibung in § 6 StromNEV vollständig verdrängt. Die Übergangsvorschrift soll vielmehr dazu beitragen, die besonderen tatsächlichen Gegebenheiten in der **Sondersituation der erstmaligen Netzentgeltgenehmigung** zu bewältigen. Der Begriff „anschaffungsorientiert" trägt der besonderen Situation Rechnung, die bei der erstmaligen Bearbeitung einer Genehmigung nach § 23a EnWG besteht. Denn mit der Einführung des neuen Regelungssystems der StromNEV werden formale Anforderungen aufgestellt, die für Altanlagen teilweise nicht zu erfüllen sind. Insbesondere bei vor vielen Jahren errichteten Stromnetzen werden die historischen Anschaffungs- und Herstellungskosten de facto zum Teil nicht mehr zu ermitteln sein, weil die Unterlagen über die Errichtung des Versorgungsnetzes nicht mehr vorhanden sind. Dies kann zum einen dadurch bedingt sein, dass die Errichtung schon lange Zeit zurückliegt und keine Unterlagen über die im Zeitpunkt der Errichtung erstmalig aktivierten historischen Anschaffungs- und Herstellungskosten vorliegen. Man stelle sich nur die Situation eines vor 50 Jahren errichteten Verwaltungsgebäudes vor, welches auch nach Anlage 1 der StromNEV über 60 – 70 Jahre kalkulatorisch abgeschrieben werden darf. Vielfach sind Unterlagen über die historischen Anschaffungs- und Herstellungskosten nicht mehr verfügbar. Zum anderen ist bei der Situation eines Netzkaufes denkbar, dass der Verkäufer keine Unterlagen über die historischen Anschaffungs- und Herstellungskosten herausgegeben hat. § 32 Abs. 3 S. 1 StromNEV erfasst also den Sonderfall, dass der Netzbetreiber bei der erstmaligen Genehmigung der Netzentgelte die Unterlagen über die historischen Anschaffungs- und Herstellungskosten nicht vorlegen kann. Die Vorschrift gibt damit eine **Hilfestellung** bei der Bestimmung der kalkulatorischen Restwerte im Erstantrag, wenn dem Netzbetreiber die historischen Anschaffungs- und Herstellungskosten nicht bekannt sind.

Dieses Ergebnis wird noch dadurch gestützt, dass § 32 Abs. 3 S. 1 StromNEV – im Unterschied zu § 6 Abs. 2 S. 2 Nr. 2 StromNEV – gerade nicht die inhaltliche Verknüpfung von „Anschaffungs- **und** Herstellungskosten" in einer vergleichbaren Formulierung wie z. B. „anschaffungs- und herstellungsorientiert" aufweist. Würde man „anschaffungsorientiert" jetzt so verstehen, dass – abweichend von § 6 Abs. 2 S. 2 Nr. 2 StromNEV – **nur** die Anschaffungskosten (also der Kaufpreis) im Rahmen des Erstantrags maßgeblich für die Bestimmung des kalkulatorischen Restwertes wäre, dann wäre § 32 Abs. 3 StromNEV für die Fälle, in denen kein Netzkauf erfolgt ist, überhaupt nicht anwendbar; denn diese Netzbetreiber müssten ihre Herstellungskosten „anschaffungsorientiert" bestimmen – dies aber ist begrifflich bei eigener Errichtung des Netzes nicht möglich.

Ein weiteres Argument kommt hinzu: § 32 Abs. 3 S. 1 StromNEV benutzt den Begriff „anschaffungsorientiert" nur für den fremdfinanzierten Anteil des Sachanlagevermögens, während für den eigenfinanzierten Anteil auf die Tagesneuwertbasis nach § 6 Abs. 3 StromNEV, also auf aktualisierte historische Anschaffungs- und Herstellungskosten abgehoben wird. Wollte man die anschaffungsorientierten Kostenelemente nach § 32 Abs. 3 S. 1 StromNEV auf den Netzkaufpreis beziehen, würde dies entsprechend Wortlaut und Systematik der Norm nur den fremdfinanzierten Kaufpreisanteil erfassen, da der eigenfinanzierte Anteil eindeutig auf die nach Tagesneuwerten angepassten Anschaffungs- und Herstellungskosten gemäß § 6 Abs. 3 StromNEV abhebt. Eine solche Differenzierung aber, die den Netzkaufpreis nur anteilig bzgl. des fremdfinanzierten Teils als maßgeblich erachtet, ist offensichtlich sinnwidrig. Man kann eigen- und fremdfinanzierte Kosten nach historischen Aufwendungen und nach Tagesneuwerten unterschiedlich behandeln, nicht aber nach aktualisierten Anschaffungskosten und nach Netzkaufpreisanteilen. Eine derartige Regelung wäre rechtlich wie betriebswirtschaftlich offensichtlich unsinnig.

Damit aber kann die ausschließliche Verwendung des Begriffs „anschaffungsorientiert" in § 32 Abs. 3 S. 1 StromNEV nur als ein weiteres der zahlreichen Redaktionsversehen im EnWG und in der StromNEV angesehen werden. Gemeint ist, dass in den Fällen, in denen die historischen Anschaffungs- und Herstellungskosten im Sinne des § 6 Abs. 2 S. 2 Nr. 2 StromNEV nicht exakt ermittelt werden können, „anschaffungs- und herstellungsorientierte" Näherungswerte anzusetzen sind.

Damit aber verbleibt es zunächst bei dem oben herausgearbeiteten Zwischenergebnis der wörtlichen Auslegung, dass der Kaufpreis nicht als Abschreibungsgrundlage angesetzt werden kann.

3. Ergebnis

Für den Regelungsgehalt von § 6 StromNEV lässt sich zusammenfassend feststellen: Eine Auslegung des Begriffs der „historischen Anschaffungs- und Herstellungskosten" i.S.d. § 6 Abs. 2 S. 2 Nr. 2 StromNEV ergibt, dass hiervon der bei einem Weiterverkauf eines Netzes gezahlte Netzkaufpreis nicht erfasst wird. Der Netzkaufpreis kann daher nach dem Wortlaut des § 6 Abs. 2 StromNEV nicht als Abschreibungsgrundlage für die kalkulatorischen Abschreibungen i. S. d. § 6 Abs. 1 StromNEV herangezogen werden. Im Unterschied dazu besteht in der Handelsbilanz die Möglichkeit, den Netzkaufpreis als wesentlichen Bestandteil der Anschaffungskosten (§ 255 Abs. 1 HGB) für planmäßige Abschreibungen i.S.d. § 253 Abs. 2 S. 1 HGB heranzuziehen. Nach einer Auslegung von § 6 Abs. 6 und 7 StromNEV ist ihr Anwendungsbereich im Wege teleologischer Reduktion dahingehend einzuschränken, dass das Verbot der Abschreibung unter Null in § 6 Abs. 7 StromNEV nur für konzerninterne Überlassungsvorgänge gilt, die auf Grund von Umstrukturierungsmaßnahmen z.B. zur Umsetzung der Unbundling-Vorgaben, stattfinden. Es ist jedoch auf konzernexterne Überlassungsvorgänge, wozu die hier untersuchten Netzerwerbe kommunaler Unternehmen vor Inkrafttreten der Energierechtsreform 2005 zählen, nicht anzuwenden. Bereits der Bedeutungszusammenhang, in dem das Tatbestandsmerkmal „Änderung von Eigentumsverhältnissen" innerhalb des Regelungswerks der StromNEV steht, deutet darauf hin, dass der Anwendungsbereich von § 6 Abs. 7 StromNEV nicht auf konzernexterne Überlassungsmaßnahmen zu erstrecken ist. Auch der Sinn und Zweck der Vorschrift sprechen für diese Auslegung. Schließlich bestätigt die historische Auslegung, dass eine teleologische Reduktion des Anwendungsbereichs von § 6 Abs. 7 StromNEV geboten ist. Bei konzernexternen Überlassungsmaßnahmen steht diese Vorschrift also einem Ansatz des Kaufpreises als Abschreibungsgrundlage nicht entgegen. Eine systematische Auslegung des § 6 Abs. 2 StromNEV führt zu dem Ergebnis, dass der Verordnungsgeber nicht stets zwingend auf die historischen Anschaffungs- und Herstellungskosten als Abschreibungsgrundlage abstellt. Das Tatbestandsmerkmal „anschaffungsorientiert" in § 32 Abs. 3 S. 1 StromNEV muss dahingehend ausgelegt werden, dass der Verordnungsgeber bei den kalkulatorischen Restwerten, die im Rahmen der erstmaligen Genehmigung von Netzentgelten berücksichtigt werden, eine Öffnung für Sonderkonstellationen vorgesehen hat.

Eine einfach-gesetzliche Auslegung von § 6 Abs. 2 StromNEV ergibt, dass der Netzkaufpreis nicht als Abschreibungsgrundlage für die kalkulatorischen Abschreibungen i. S. d. § 6 Abs. 1 StromNEV herangezogen werden kann. Jedoch kann § 6 Abs. 7 StromNEV im Wege einer – einfach-gesetzlichen - teleologischen Reduktion dahingehend ausgelegt werden, dass diese Regelung bei einem konzernexternen Überlassungsvorgang einem Ansatz des Kaufpreises als Abschreibungsgrundlage nicht entgegensteht.

C. Verfassungsrechtliche Erwägungen

Nachdem im Wege einfach-gesetzlicher Auslegung der Regelungsgehalt vom § 6 StromNEV ermittelt worden ist, ist die Frage der Verfassungskonformität dieser Vorschrift zu beleuchten. Unter diesem Prüfungsgesichtspunkt ist zu prüfen, ob das gefundene Ergebnis mit Art. 14 GG vereinbar ist (**I.**). Ferner stellt sich die Frage, ob durch die Bestimmung der Abschreibungsmodalitäten in §§ 6, 32 Abs. 3 StromNEV das grundsätzlich durch **Art. 20 GG** geschützte Vertrauen des Netzerwerbers verletzt ist (**II.**).

I. Bedeutung von Art. 14 GG

§ 6 StromNEV legt fest, wie bei der Netzkostenermittlung die kalkulatorischen Abschreibungen im Einzelnen zu bestimmen sind. Fraglich ist, in welcher Weise durch die Regelung der Abschreibungsmodalitäten in § 6 StromNEV ein Eingriff in den Schutzbereich von Art. 14 GG vorliegt, der verfassungsrechtlich nicht gerechtfertigt ist.

1. Problembeschreibung

Der Schutzbereich des Art. 14 GG umfasst einerseits eine **Institutsgarantie** für das Privateigentum, andererseits ist als subjektives Recht **jedes vermögenswerte Recht** geschützt, welches durch das Verfassungsrecht oder das einfache Recht einem Rechtsträger als Eigentum gewährt wird.[49] Geschützt ist die Rechtsposition in ihrem konkreten, gesetzlich ausgestalteten Bestand, wobei das Recht gewährleistet wird, Sach- und Geldeigentum zu besitzen, zu nutzen, es zu verwalten und darüber zu verfügen.[50] Art. 14 Abs. 1 S. 1 GG umfasst damit eine konkrete Bestands- und Nutzungsgarantie, also das Recht des „Habens" und „Gebrauchmachens" an einem konkreten Gegenstand.[51] Das verfassungsrechtlich gewährleistete Eigentum ist mithin durch **Privatnützigkeit** und die **grundsätzliche Verfügungsbefugnis** des Eigentümers über den Eigentumsgegenstand gekennzeichnet.[52] Der Schutzbereich des Art. 14 GG umfasst also das Eigentum an einem Versorgungsnetz im Sinne einer Be-

---

49 BVerfG, Urteil vom 18.12.1968, BVerfGE 24, 367, 389; *Papier* in Maunz/Dürig, Grundgesetz, Stand: Juni 2006, Art. 14 Rn. 1.
50 BVerfG, Beschluss vom 05.02.2002, BVerfGE 105, 17; *Jarass* in Jarass/Pieroth, Grundgesetz, 7. Auflage 2004, Art. 14 Rn. 6.
51 *Papier* in Maunz/Dürig, GG (Fn. 49), Art. 14 Rn. 8.
52 BVerfG, Beschluss vom 12.06.1979, BVerfGE 52, 1, 30; *Wendt* in Sachs, Grundgesetz, 3. Auflage 2003, Art. 14 Rn. 5.

stands- und Nutzungsgarantie: Geschützt ist zum einen die durch § 6 StromNEV rechtlich ausgestaltete Möglichkeit des Netzeigentümers, kalkulatorische Abschreibungen auf sein Sachanlagevermögen vornehmen zu können. Zum anderen umfasst der grundrechtliche Schutz auch die Veräußerbarkeit des Netzes zu einem angemessenen Preis, da der Erwerber den Kaufpreis schon abgeschriebener Netze bei der Kalkulation der Netzentgelte nach § 6 Abs. 6, 7 StromNEV nicht berücksichtigen kann.

2. Stellenwert für die Thematik des Gutachtens

Die aufgeworfenen verfassungsrechtlichen Fragen der Vereinbarkeit von § 6 StromNEV mit Art. 14 GG sind komplex und ohne Vorbild in der bisherigen Spruchpraxis des BVerfG. Insofern kommt es darauf an, bisherige Aussagen des Gerichts auf die energierechtliche Thematik zuzuschneiden, gleichsam darauf „hochzurechnen"[53]. Unter dem Blickwinkel des Art. 14 GG stellt sich das Problem der Verfassungskonformität des § 6 StromNEV für Netzüberlassungen vor und nach der Energierechtsreform 2005 gleichermaßen. Vor dem Hintergrund der Komplexität der Materie kann die Thematik für den hier allein betrachteten Bereich der Altfälle von Netzverkäufen **vor** Inkrafttreten der Energierechtsreform 2005 dahingestellt bleiben, wenn sich insoweit zusätzliche verfassungsrechtliche Aspekte unter dem Gesichtspunkt verletzten Vertrauensschutzes ergeben. Ihnen ist daher im Folgenden nachzugehen.

---

53 Vgl. dazu *Büdenbender/Rosin/Bachert*, Kaufpreis und Ertragswert von Stromverteilnetzen (Fn. 12) S. 90 ff.

II. Besonderer Vertrauensschutz des Netzkäufers bei Netzerwerben vor der Energierechtsreform 2005

Wenn ein Netzkäufer das Netz vor der Energierechtsreform erworben hat, dann legte er seiner Investitionsentscheidung die damals geltenden rechtlichen Rahmenbedingungen und die hierauf aufbauende Rechtsprechung zu Grunde. Er vertraute dann einerseits auf die bereits ergangene höchstrichterliche Rechtsprechung zu der Frage, nach welcher Methode der Kaufpreis bei einem Netzkauf bestimmt werden durfte. Andererseits bezog sich sein Vertrauen darauf, zukünftig die Abschreibungen nach den ihm bekannten gesetzlichen Regelungen vornehmen zu können.

Zu den wesentlichen Elementen des Rechtsstaatsprinzips zählt die Rechtssicherheit, die verhindern soll, dass der rechtsunterworfene Bürger durch die rückwirkende Beseitigung erworbener Rechte über die Verlässlichkeit der Rechtsordnung getäuscht wird. Rechtsbeständigkeit bedeutet daher für ihn in erster Linie Vertrauensschutz, der Verfassungsrang genießt (**1.**). Das Vertrauen des Netzkäufers bezog sich beim Netzerwerb einerseits auf die höchstrichterliche Rechtsprechung. Der BGH betrachtet es in der **Kaufering-Entscheidung vom 16.11.1999**[54] als grundsätzlich zulässig, in einer Endschaftsbestimmung in einem Konzessionsvertrag als Entgelt für die Übertragung eines Versorgungsnetzes den Sachzeitwert zu vereinbaren. Einschränkungen im Hinblick auf abgeschriebene Aufwendungen erfolgten dabei nicht. Diese Rechtsprechung hat der BGH in jüngerer Zeit in seinem Urteil vom 07.02.2006[55] bestätigt (**2.**). Die Höhe des zulässigen Kaufpreises ist jedoch nicht nur unter dem Aspekt einer angemessen Gegenleistung für den Erwerb des Netzeigentums bedeutsam. Der Kaufpreis ist auch ein relevanter Wert als mögliche Abschreibungsgrundlage.

---

54 BGH, Urteil vom 16.11.1999, BGHZ 143, 128 ff.
55 BGH, Urteil vom 07.02.2006, ZNER 2006, 140 ff.

Damit ist ein weiterer Gesichtspunkt angesprochen, auf den sich das Vertrauen des Netzkäufers bezieht. Im geltenden energierechtlichen Rechtsrahmen werden bei der Netzentgeltgenehmigung die kalkulatorischen Abschreibungen gemäß §§ 21, 23a, 24 EnWG i.V.m. §§ 6, 32 Abs. 3 StromNEV ermittelt. Auch vor der Energierechtsreform wurden die kalkulatorischen Abschreibungen im Rahmen der Entgeltermittlung in Ansatz gebracht. Sie wurden z. B. im Zuge des Tarifpreisgenehmigungsverfahrens nach § 12 BTOElt berücksichtigt. Auch in der Verbändevereinbarung „VV II plus"[56] wurde unter Ziffer 2.1.1 geregelt, dass die Ermittlung der Netznutzungsentgelte auf Basis der kalkulatorischen Kosten erfolgt (3.). Abschließend ist deshalb zu untersuchen, ob ein schutzwürdiges Vertrauen des Netzerwerbers dahingehend besteht, einen Kaufpreis – ggf. in Höhe des Sachzeitwertes – als Abschreibungsgrundlage bei der Entgeltermittlung in Ansatz bringen zu können (4.).

1. Verfassungsrechtliche Grundlagen des Schutzes von Vertrauen

Die Rechtssicherheit gehört zu den zentralen Elementen des Rechtsstaatsprinzips nach Art. 20 Abs. 2 S. 2 und 3 GG.[57] Für den Bürger muss es möglich sein, ihm gegenüber möglicherweise erfolgende staatliche Eingriffe vorauszusehen und sich dementsprechend einrichten zu können. Er muss darauf vertrauen können, dass sein Handeln, was mit dem geltenden Recht übereinstimmt, von der Rechtsordnung weiterhin mit allen ursprünglich damit verbundenen Rechtsfolgen anerkannt bleibt. Das Vertrauen des Bürgers wird je-

---

56 Verbändevereinbarung über Kriterien zur Bestimmung von Netznutzungsentgelten für elektrische Energie und über Prinzipien der Netznutzung vom 13.12.2001, S. 6.
57 BVerfG, Urteil vom 19.12.1961, BVerfGE 13, 261, 271; BVerfG, Beschluss vom 19.12.1967, BVerfGE 23, 12, 32; *Herzog* in Maunz/Dürig (Fn. 49), Art. 20 Rn. 61.

doch verletzt, wenn der Gesetzgeber an einen abgeschlossenen Tatbestand ungünstigere Rechtsfolgen knüpft als diejenigen, die der Bürger bisher seinen Dispositionen zu Grunde legen durfte. Für den Bürger meint Rechtssicherheit in erste Linie Vertrauensschutz.[58] Nach der Rechtsprechung des BVerfG gehören zum Rechtsstaatsprinzip mithin u.a. die Elemente des Vertrauensschutzes und des Rückwirkungsverbots.[59] Die Rückwirkung wird rechtsstaatlich begrenzt auf eine Änderung von Gesetzen, welche die generelle Eignung haben, Entscheidungen und Dispositionen des Bürgers zu veranlassen oder wenigstens zu beeinflussen. Insoweit unterliegen nur solche Gesetze rechtsstaatlichen Bedenken, die den Bürger rückwirkend belasten.[60] Die Gebote der Rechtssicherheit und des Vertrauensschutzes ziehen allen Hoheitsakten, die belastend in verfassungsmäßig gesicherte Rechtspositionen eingreifen, enge Grenzen.[61] Jedoch muss das Vertrauen des Bürgers in den Fortbestand der bisherigen Rechtslage schutzwürdig sein. Die Anforderungen an die Schutzwürdigkeit des Vertrauens wird bei einer Rückwirkung von Gesetzen differenziert betrachtet nach den beiden Fallgruppen der echten bzw. unechten Rückwirkung.

2. Zulässige Bestimmung des Netzkaufpreises nach dem Sachzeitwert

Unter dem Gesichtspunkt des vertrauenswürdigen Vertrauens eines Netzerwerbers sind zunächst die Grundsätze der Rechtsprechung zur zulässigen Ermittlung des Netzkaufpreises nach dem Sachzeitwert zu betrachten. Der BGH traf erstmals in der Kaufering-

---

58 BVerfG, Urteil vom 19.12.1961, BVerfGE 13, 261, 271; Beschluss vom 20.02.2002, BVerfGE 105, 48, 57.
59 *Sachs* in Sachs, GG (Fn. 52), Art. 20 Rn. 78.
60 *Herzog* in Maunz/Dürig (Fn. 49), Art. 20 Rn. 66.
61 BVerfG, Beschluss vom 10.04.1984, BVerfGE 67, 1,14.

Entscheidung vom 16.11.1999[62] grundlegende Aussagen zu der Frage, nach welcher Methode der Kaufpreis bei einer Netzübernahme berechnet werden darf. Er sieht es als grundsätzlich zulässig an, in einer Endschaftsbestimmung in einem Konzessionsvertrag als Entgelt für die Übertragung eines Versorgungsnetzes den Sachzeitwert zu vereinbaren **(a)**. In jüngerer Zeit hat der BGH seine Rechtsprechung ausdrücklich mit Urteil vom 07.02.2006 bestätigt **(b)**.

a) Kaufering-Entscheidung des BGH vom 16.11.1999

Der Kaufering-Entscheidung liegt im Wesentlichen folgender Sachverhalt zu Grunde: Im Jahre 1973 hatten die Gemeinde Kaufering und die LEW als Versorgungsunternehmen einen Konzessionsvertrag mit ausschließlichem Wegenutzungsrecht abgeschlossen, der ursprünglich eine Laufzeit bis zum 31.12.2022 aufwies, aber durch die Einführung des § 103a GWB a.F. zum 01.01.1995 vorzeitig endete. In einer Endschaftsbestimmung des Konzessionsvertrages hatten die Parteien vereinbart, dass bei Ablauf des Vertrages die Gemeinde einen Anspruch gegen LEW auf Übertragung des Versorgungsnetzes gegen die Zahlung eines auf dem Sachzeitwert basierenden Entgeltes habe. Als Sachzeitwert wurde der Herstellungswert der Anlagen zum Übernahmezeitpunkt unter Berücksichtigung der bisherigen Nutzungsdauer und des technischen Erhaltungszustandes der Anlagen angesehen.

Die Parteien stritten darüber, welches Entgelt die klagende Gemeinde für die Übertragung des Versorgungsnetzes zu bezahlen hat. Die beklagte LEW hatte einen Kaufpreis auf Basis der vorgenannten Vertragsklausel in Höhe des Sachzeitwertes berechnet. Die Klägerin wollte für die Übertragung nur den sog. Anschaffungskostenrestwert heranziehen und betrachtete den Übernahmepreis in

---

[62] BGH, Urteil vom 16.11.1999, BGHZ 143, 128 ff.

Höhe des Sachzeitwertes als überhöht; ferner hielt sie die vereinbarte Endschaftsbestimmung für unwirksam[63].

Der BGH kommt zu dem Ergebnis, dass eine Endschaftsbestimmung, die für die Übertragung eines Versorgungsnetzes ein Entgelt in Höhe des Sachzeitwertes vorsieht, gemäß den §§ 1, 103a Abs. 1, 4 GWB a.F. wegen Widerspruchs zur dortigen Höchstlaufzeit von 20 Jahren für Konzessionsverträge nur dann unwirksam ist, wenn der Sachzeitwert den Ertragswert des Netzes nicht unerheblich übersteigt, sodass die Übernahme der Stromversorgung durch einen nach den Maßstäben wirtschaftlicher Vernunft handelnden anderen Versorger ausgeschlossen ist und die Kommune in Folge dessen nach Beendigung des Konzessionsvertrages faktisch an den bisherigen Versorger gebunden bleibt.

Der BGH stützt sich hierzu im Wesentlichen auf folgende Erwägungen:

(1) Ein Verstoß der Endschaftsbestimmung gegen das damals geltende AGBG könne nicht festgestellt werden. Die Preisabrede unterfalle nicht einer Inhaltskontrolle nach § 8 AGBG. Diese Vorschrift hindere zwar ausnahmsweise eine Inhaltskontrolle von Preisklauseln nicht, soweit Preise durch Rechtsvorschriften bestimmt würden. Nachdem Nr. 60 der Durchführungsbestimmungen vom 27.02.1943 zur Konzessionsabgabenverordnung (-D/KAE -), welche den „Sachzeitwert der Anlagen im Übergabezeitpunkt" als Mindestvergütung vorgesehen hatten, abgeschafft worden sei, habe der Gesetzgeber keine Reglementierung der Preisbemessungsfaktoren für den Fall der Übertragung von Stromversorgungsnetzen vorgenommen. Weder in § 13 Abs. 2 Satz 2 EnWG 1998 noch in § 3 Abs. 2 Nr. 2 KAV sei ein gesetzlicher Kontrollmaßstab für die Entgeltfrage enthalten gewesen.

---

[63] Zu den Berechnungen der Parteien im einzelnen: BGH, Urteil vom 16.11.1999, BGHZ 143, 128, 131 f.

Danach definiert der BGH den Sachzeitwert als den auf der Grundlage des Tagesneuwertes (Wiederbeschaffungswertes) unter Berücksichtigung seines Alters und Zustandes ermittelten Restwert eines Wirtschaftsgutes im Sinne des Bruttorekonstruktionswertes. Der Senat erläutert die Methode der Ermittlung des Sachzeitwertes und weist darauf hin, dass dieser für die mit der Netzübergabe verbundene Substanzübertragung die äquivalente Gegenleistung sei.

(2) Auch wenn das Gesetz nicht unmittelbar vorsehe, welche Gegenleistung ein Energieversorgungsunternehmen für die Übertragung eines Versorgungsnetzes fordern dürfe, so habe doch der zwischenzeitlich außer Kraft getretene Nr. 60 D/KAE den Sachzeitwert der Anlage als Mindestvergütung vorgesehen und auch die jetzt geltende Rechtslage habe insoweit keine Änderung erfahren. § 13 Abs. 2 S. 2 EnWG n.F. und § 3 Abs. 2 Nr. 2 KAV sehen die Zahlung einer „wirtschaftlich angemessenen Vergütung" für die Übertragung von Versorgungseinrichtungen vor.

(3) Weiterhin befasst sich der BGH mit einer möglichen **prohibitiven Wirkung** einer am Sachzeitwert orientierten Vergütung für die Netzübernahme. Es sei nicht auszuschließen, dass eine derartige Regelung zu einer faktischen Bindung der Gemeinde an den bisherigen Versorger führe und dadurch den vom Gesetzgeber angestrebten Wettbewerb um Versorgungsgebiete verhindert. Der Gesetzgeber habe das System der geschlossenen Versorgungsgebiete seit der vierten GWB-Novelle schrittweise aufgegeben. Mit der Einführung des § 103a GWB a.F. strebte der Gesetzgeber das Ziel an, dass wenigstens im Zwanzig-Jahres-Rhythmus ein Wettbewerb um geschlossene Versorgungsgebiete möglich sein sollte, um eine Verbesserung der Versorgungsbedingungen zu erreichen. Diese Zielsetzung sei durch die Außerkraftsetzung der §§ 103, 103a GWB a.F. für die Bereiche der Versorgung mit Elektrizität und Gas im Zuge

der Neufassung des Energiewirtschaftsgesetzes nicht geändert worden. Auch wenn Endschaftsbestimmungen keinen unmittelbaren Einfluss auf die Laufzeit von Konzessionsverträgen hätten, so seien aber auch solche Vertragsgestaltungen mit § 103a GWB a.F. unvereinbar, die in ihren tatsächlichen Auswirkungen zu einer über zwanzig Jahre hinausreichenden Bindung der Vertragsparteien führten.

Der Senat weist darauf hin, dass „weder allgemein angenommen noch generell ausgeschlossen werden [könne], dass ein Netzübernahmeentgelt in Höhe des Sachzeitwertes einen Versorgerwechsel verhindern und damit zu einer faktischen Bindung der Kommune an den bisherigen Versorger führen kann." Die Vereinbarung des Sachzeitwertes als Übernahmeentgelt wirke nicht in jedem Fall prohibitiv, wie aus den in der Vergangenheit erfolgten Übertragungen von Versorgungsnetzen zum Sachzeitwert zu ersehen sei. Trotz der Beschränkungen im Tarifgenehmigungsverfahren könnten mit der Stromversorgung Erträge erwirtschaftet werden, die eine Investition in Gestalt der Netzübernahme zum Sachzeitwert nicht wirtschaftlich sinnlos erscheinen ließen.[64]

Danach geht der BGH ausführlich auf den sogenannten Ertragswert des Netzes ein. Für den Erwerber sei bei kaufmännischer Betrachtungsweise ein wesentliches Kriterium, ob und in welchem Umfang der Netzkaufpreis als betrieblicher Aufwand in die Strompreiskalkulation einfließen könne, um die Rentabilität des Netzbetriebs zu gewährleisten. Da ein Erwerber seine Kaufpreisvorstellung in erster Linie an der Ertragserwartung orientiere, die er mit der Übernahme der Stromversorgung unter Einsatz des vorhandenen Netzes verbinde, werde ein Kaufinteressent regelmäßig nicht bereit sein, einen Kaufpreis in Höhe des Substanzwertes zu zahlen, wenn die Ertragserwar-

---

64 BGH, Urteil vom 16.11.1999, BGHZ 143, 128, 152.

tung Investitionen in Höhe des Substanzwertes nicht rechtfertige. Ob ein bestimmter Netzkaufpreis möglicherweise eine prohibitive Wirkung habe, könne daher nicht allein nach dem Substanzwert festgestellt werden, sondern auch der Ertragswert müsse berücksichtigt werden. Als Ertragswert ist – so der BGH – der äußerste Betrag anzusehen, der unter Berücksichtigung der sonstigen Kosten der Stromversorgung einerseits und der zu erwartenden Erlöse aus dem Stromverkauf andererseits für den Erwerb des Netzes kaufmännisch vertretbar erscheint. Schließlich führt der BGH aus, wie im Einzelfall festzustellen ist, ob ein Netzkaufpreis in Höhe des Sachzeitwertes prohibitiv wirke. Es sei erforderlich, unter Inanspruchnahme sachverständiger Hilfe nach betriebswirtschaftlichen Gesichtspunkten zu ermitteln, ob und in welchem Maße der Sachzeitwert den Ertragswert des zur Übernahme anstehenden Versorgungsnetzes übersteige. Der Ertragswert des Versorgungsnetzes sei nach objektiven, für alle denkbaren Erwerber geltenden Kriterien zu ermitteln. Der Netzkaufpreis wirke nicht schon dann prohibitiv, wenn er den Ertragswert nur ganz geringfügig überschreite. Prohibitiv wirke der Netzkaufpreis, wenn er die Übernahme der Stromversorgung durch einen nach den Maßstäben wirtschaftlicher Vernunft handelnden anderen Versorger ausschließt und die Kommune dadurch **faktisch** an den bisherigen Versorger **gebunden** bliebe. Diese Grenze sei erreicht, wenn der Sachzeitwert den Ertragswert des Versorgungsnetzes nicht unerheblich übersteige. Hierbei handele es sich in erster Linie um eine tatrichterliche Feststellung.

b) Urteil des BGH vom 07.02.2006

Der BGH hat mit Urteil vom 07.02.2006[65] die vorangegangene Rechtsprechung in der Kaufering-Entscheidung bestätigt. Das Urteil betrifft die Frage, wie eine Endschaftsbestimmung in einem Konzessionsvertrag auszulegen ist. Die klagende Stadtwerke GmbH und die Beklagte, ein regionales Stromversorgungsunternehmen, hatten im Jahre 1973 einen Konzessionsvertrag, der die Grundlage der Stromversorgung in der Stadt L. bildete, geschlossen. Dieser endete vorzeitig nach § 103a Abs. 4 GWB a.F. zum 01.01.1995. In einer „Abwicklungsvereinbarung" zum Konzessionsvertrag haben die Vertragsparteien u.a. erklärt, dass der Sachzeitwert der verkauften Stromversorgungsanlagen als Kaufpreis gelte. Die klagende Käuferin vertrat darin die Auffassung, dass die Vereinbarung des Stromkonzessionsvertrages über die Zahlung des Sachzeitwertes rechtsunwirksam sei. Die „Abwicklungsvereinbarung" enthielt einen Vorbehalt der Käuferin, dass sie den von der Beklagten geforderten Kaufpreis zahle, mit der Möglichkeit, einen gegebenenfalls zuviel gezahlten Betrag im Wege der Bereicherungsklage von ihr zurückfordern zu können.

Gegenstand des Urteils ist die Auslegung dieser Vertragsklausel. Der BGH legt der Auslegung zunächst den Wortlaut der Vereinbarung zu Grunde, wonach die Parteien als Kaufpreis für die Versorgungsanlage den für den Tag der Übernahme zu ermittelnden Wiederbeschaffungswert unter Berücksichtigung des Alters und des Zustandes der Anlagen, d. h. den Sachzeitwert festgelegt haben. Der Senat kommt zu dem Ergebnis, dass der Kaufpreis für die übertragenen Stromversorgungsanlagen auf der Grundlage des Sachzeitwertes dieser Anlagen zu errechnen sei. Daran vermöge auch der in die „Abwicklungsvereinbarung" der Parteien aufgenommene Vorbehalt der Klägerin nichts zu ändern. Der BGH weist darauf

---

65 BGH, Urteil vom 07.02.2006, ZNER 2006, 140 ff.

hin, dass er bereits in seinem Urteil vom 16.11.1999[66] entschieden habe, dass Vertragsbestimmungen, die für die Übertragung eines örtlichen Stromversorgungsnetzes auf die Gemeinde ein Entgelt in Höhe des Sachzeitwerts der Anlagen vorsehen, **nicht generell unwirksam** sind. Soweit sich die Klägerin Einwendungen gegen die Höhe des von der Beklagten ermittelten Sachzeitwertes vorbehalten habe, so sei nicht die Maßgeblichkeit des Sachzeitwertes als Preisbemessungsgrundlage betroffen.

Der Konzessionsvertrag, welcher der BGH-Entscheidung vom 07.02.2006 zu Grunde liegt, endete am 01.01.1995. Der maßgebliche Stichtag für die Bestimmung des Sachzeitwertes ist mithin dieser Zeitpunkt. Nach der Entscheidung des OLG München vom 17.11.2005[67] sind für die Berechnung des Netzkaufpreises ausschließlich die Wertverhältnisse im Zeitpunkt der Beendigung des Konzessionsvertrages maßgeblich. Der entscheidende energierechtliche Ordnungsrahmen, um den Maßstab für die Entgeltbestimmung im Konzessionsvertrag zu überprüfen, entspricht der Rechtslage im Jahr 1995, d.h. bei Beendigung des Konzessionsvertrages.[68] Wenn also der Netzerwerb zu einer Zeit erfolgte, als die Rechtsprechung des BGH im damaligen energierechtlichen Rechtsrahmen maßgeblich war, dann bestand ein Vertrauen des Netzerwerbers auf diese rechtlichen Rahmenbedingungen. Die BGH-Judikatur bildete in der Vergangenheit die Grundlage für die Bemessung von Netzkaufpreisen. Dabei betrat sie jedoch nicht etwa Neuland – mit der Konsequenz der Geltung erst ab 1999. Vielmehr war – trotz mancher Kontroverse – die Orientierung der Netzkaufpreise am Sachzeitwert im Rahmen konzessionsvertraglicher Endschaftsbestim-

---

66 BGH, Urteil vom 16.11.1999, BGHZ 143, 128, 142 ff.
67 OLG München, Urteil vom 17.11.2005 – U (K) 3325/96 -.
68 Vgl. für die bei der Kaufering-Entscheidung maßgebenden Rechtsnormen: *Büdenbender/Rosin/Bachert*, Kaufpreis und Ertragswert von Stromverteilernetzen (Fn. 12), S. 38.

mungen langjährige energiewirtschaftliche Praxis lange Zeit vor 1999. Seit der kommunalen Gebietsreform in den 70er Jahren des letzten Jahrhunderts kam es vermehrt zu Netzveräußerungen im Verteilernetzbereich, da die Stadtwerke bemüht waren, die neu eingemeindeten Gemeindegebiete einer einheitlichen Versorgungszuständigkeit in ihrer Hand zuzuführen und hierfür die Netze in den bisher durch andere Energieversorgungsunternehmen belieferten eingemeindeten Gemeinden zu übernehmen. Dabei verlangten die Alteigentümer hierfür regelmäßig den Sachzeitwert; er wurde auch regelmäßig seitens des Neueigentümers bezahlt. Vor dem Hintergrund umfangreicher Auseinandersetzungen in der Literatur[69] über diese Praxis kam es dann zu der grundlegenden BGH-Entscheidung von 1999 in Sachen Gemeinde Kaufering. Daraus wird deutlich, dass nicht etwa erst im Jahre 1999, sondern schon lange vorher eine Vertragspraxis der Kaufpreisbestimmung nach Sachzeitwert bestand, die 1999 durch den BGH bestätigt wurde![70]

In jüngster Zeit hat sich der 8. Zivilsenat des BGH[71] mit der Auslegung einer in einem Wasserlieferungsvertrag enthaltenen Endschaftsbestimmung befasst. Diese Vereinbarung sieht für den Fall der Kündigung des Vertrags vor, dass die übernehmende Gemeinde den „Zeitwert" der Wasserversorgungsanlagen zu erstatten

---

69 Vgl. u.a. für die Wirksamkeit einer Endschaftsbestimmung, die eine Netzübertragung zum Sachzeitwert beinhaltet: *Böwing*, RdE 1995, 219, RdE 1996, 15; *Braun*, et 1988, 472, 488; *Markert*, RdE 1989, 94; *ders.*, et 1993, 486; *Hüffer*, RdE 1992, 205; dagegen: *Becker*, ZNER 1998, 13; *Schäfer*, RdE 1993, 185.
70 Vgl. u.a. zur vorangegangenen Rechtsprechung, nach welcher der Übernehmer keine Überlassung zu einem unter dem Sachzeitwert liegenden Entgelt verlangen kann: OLG Frankfurt am Main, Urteil vom 14.10.1997, et 1997, 239; OLG Celle, Urteil vom 18.12.1996, et 1997, 313; OLG Düsseldorf, Urteil vom 30.09.1997, et 1997, 782; LG Dortmund, Urteil vom 26.09.1996, et 1997, 93; LG Hannover, Urteil vom 28.09.1995, RdE 1996, 31; LG Kassel, Urteil vom 31.05.1995, RdE 1996, 76.
71 BGH, Urteil vom 28.06.2006 – VIII ZR 255/05 -.

hat. Der Senat kommt bei der Vertragsauslegung zu dem Ergebnis, dass die Parteien eine Wertermittlung für das Wasserversorgungsnetz im Sinne des Wiederbeschaffungswertes vereinbart haben. Der auf der Basis von Wiederbeschaffungspreisen zu bestimmende Zeitwert entspreche im Grundsatz den ersparten Investitionsausgaben, die dem Netzerwerber – hier der Beklagten – entstünden, wenn er an Stelle der Übernahme des bestehenden ein gleichartiges Versorgungsnetz neu errichten würde. Mit dieser Interessenlage – so der Senat – stehe es im Einklang, dass Entgeltvereinbarungen, die am Sachzeitwert von Leitungsanlagen – berechnet auf der Grundlage von Wiederbeschaffungs- oder Tagesneuwerten – anknüpfen, im insoweit vergleichbaren Bereich der Strom- und Gasversorgung üblich sind (vgl. BGHZ Band 143, S. 128, 143 ff.). Die neue Judikatur bestätigt, dass konsolidierte höchstrichterliche Rechtsprechung zur Angemessenheit des Sachzeitwertes bei Netzverkäufen besteht.

Zusammenfassend lässt sich zur oben geschilderten Rechtsprechung des BGH ausführen: Das Gericht sieht es als grundsätzlich zulässig an, in einer Endschaftsbestimmung in einem Konzessionsvertrag als Entgelt für die Übertragung des Versorgungsnetzes den Sachzeitwert zu vereinbaren. Der Gesetzgeber habe, so führt der Senat aus, mit der damaligen GWB-Novelle das Ziel angestrebt, dass spätestens alle 20 Jahre ein Wettbewerb um die Versorgungsgebiete stattfinden sollte. Ein Netzkäufer orientiere seine Kaufpreisvorstellung in erster Linie an der Ertragserwartung. Ein wesentliches Kriterium sei daher für ihn, ob und inwieweit der Netzkaufpreis als betrieblicher Aufwand im Rahmen der Strompreiskalkulation in Ansatz gebracht werden kann, um die Rentabilität des Netzbetriebs zu gewährleisten. Der BGH betont damit im Kaufering-Urteil den Zusammenhang, der zwischen einer Kaufpreisermittlung in Höhe des Sachzeitwertes und dem Ansatz des Kaufpreises als Abschreibungsgrundlage bei der Entgeltermittlung gegeben ist. Weiterhin führt der Senat in dieser Entscheidung aus:[72]

„*In welchem Umfang die Kosten der Netzübernahme im Preisgenehmigungsverfahren geltend gemacht werden können, hängt zunächst von der Genehmigungspraxis der jeweils zuständigen Aufsichtsbehörde ab.*"

Damit ist deutlich gemacht, dass sich ein schutzwürdiges Vertrauen des Netzerwerbers bei einem Netzerwerb vor der Energierechtsreform darauf stützt, einen Kaufpreis in Höhe des Sachzeitwertes als Abschreibungsgrundlage nach der jeweiligen behördlichen Genehmigungspraxis ansetzen zu können. Dies gilt – wegen der vom BGH bestätigten Praxis – auch für Netzverkäufe vor 1999.

3. Behandlung der Thematik im Tarifgenehmigungsverfahren nach § 12 BTOElt

Zu untersuchen ist nunmehr, wie in der Zeit vor der Energierechtsreform 2005 die behördliche Genehmigungspraxis im Tarifgenehmigungsverfahren nach § 12 BTOElt ausgestaltet war. Im Rahmen der Tarifkalkulation in diesem Verfahren wurde relevant, ob der Netzkaufpreis als Grundlage der kalkulatorischen Abschreibungen angesetzt werden konnte. § 12 BTOElt stellt für den Tarifkundenbereich sämtliche Tarife und Tarifbestandteile unter Genehmigungsvorbehalt. Hierzu gehören die allgemeinen Tarife i.S.d. § 1 Abs. 1 BTOElt sowie die nach der BTOElt zulässigen einzelnen Bestandteile des Tarifs. Die aktuelle BTOElt[73] gilt gemäß Art. 5 Abs. 3 des 2. Gesetzes zur Neuregelung des Energiewirtschaftsgesetzes vom 07.07.2005 nur noch für eine Übergangszeit bis zum 30.06.2007.

---

72 BGH, Urteil vom 16.11.1999, BGHZ 143, 128, 156.
73 Vom 18.12.1989 (BGBl. I S. 2255), geändert durch Art. 345 der Verordnung vom 29.10.2001 (BGBl. I S. 2785, 2858).

Beim Tarifgenehmigungsverfahren nach § 12 BTOElt wurden die Tarife unter Zuhilfenahme von bundeseinheitlich oder landesspezifisch geltenden Arbeitsanleitungen festgesetzt. Zu beleuchten ist, wie im Einzelnen die kalkulatorischen Abschreibungen nach den verschiedenen Arbeitsanleitungen ermittelt wurden. Zum Nachweis der Erforderlichkeit der beantragten Strompreise ist gemäß § 12 Abs. 2 BTOElt von der gesamten Kosten- und Erlöslage auszugehen. Nach § 12 Abs. 3 S. 4 BTOElt kann das Bundesministerium für Wirtschaft und Technologie das Verfahren zur Feststellung der Kosten- und Erlöslage und zur Erstellung einer Kostenträgerrechnung durch allgemeine Verwaltungsvorschriften mit Zustimmung des Bundesrates regeln. Die Ermächtigung ist jedoch nicht wahrgenommen worden.[74] Die Elektrizitätsversorgungsunternehmen legen ihrem Genehmigungsantrag die notwendigen Unterlagen bei (§ 12 Abs. 3 BTOElt). Als Leitfaden für die Ermittlung der einzelnen Kostenbestandteile existieren verschiedene Arbeitsanleitungen, von denen manche zu einer unterschiedlichen Kostenkalkulation führen.[75] Die Rechtsqualität dieser Arbeitsanleitungen ist umstritten. Sie könnten als Verwaltungsvorschriften oder als Auslegungsgrundsätze zu qualifizieren sein. Verwaltungsvorschriften sind generelle und abstrakte Anordnungen einer vorgesetzten Behörde an den nachgeordneten Bereich und dienen zur einheitlichen Auslegung und Anwendung von Rechtsvorschriften.[76] Die Befugnis zum Erlass von Verwaltungsvorschriften folgt aus der Weisungskompetenz der vorgesetzten Instanz.[77] Bei der Erarbeitung der

---

74 *Weigt* in Danner/Theobald, Energierecht, Band 1, Stand: April 2006, EnPrR III B 1 § 12 Rn. 38.
75 Vgl. *Gabriel/Haupt/Pfaffenberger*, Bremer Energieinstitut, Gutachten: Vergleich der Arbeitsanleitungen nach § 12 BTOElt mit dem Kalkulationsleitfaden nach Anlage 3 der Verbändevereinbarung II plus, S. 14 f.
76 *Bonk/Schmitz* in Stelkens/Bonk/Sachs, Verwaltungsverfahrensgesetz, 6. Auflage 2001, § 1 Rn. 192.
77 *Stelkens/Stelkens* in Stelkens/Bonk/Sachs, VwVfG (Fn. 76), § 35 Rn. 110.

Arbeitsanleitungen sind z. B. verschiedene Landesregulierungsbehörden gemeinsam tätig geworden, aber keine vorgesetzte Behörde mit Weisungsbefugnis gegenüber dem nachgeordneten Bereich. Insoweit wird in der Literatur hinsichtlich der „Arbeitsanleitung 1981"[78] vertreten, dass diese keine allgemeine Verwaltungsvorschrift sei.[79] Sie soll vielmehr nur eine Richtlinie mit beschränkter Verbindlichkeit darstellen. Wenn eine Preisaufsichtsbehörde eine Arbeitsanleitung im Tarifgenehmigungsverfahren heranziehe, so müsse der Gleichheitssatz (Art. 3 Abs. 1 GG) und der Vertrauensgrundsatz (Art. 20 GG) eingehalten werden. Eine einheitliche und kontinuierliche Anwendung einer Arbeitsanleitung führe zu einer Selbstbindung der Preisaufsichtsbehörde.[80] Eine vertretbare Auffassung besteht mithin darin, die Arbeitsanleitungen nicht als Verwaltungsvorschriften, sondern als für die Preisbehörde verbindliche Auslegungsgrundsätze im Rahmen des Tarifgenehmigungsverfahrens zu qualifizieren.

Vorliegend werden folgende Arbeitsanleitungen zu der Frage verglichen, in welcher Weise die Abschreibungsgrundlage für die kalkulatorischen Abschreibungen im Tarifgenehmigungsverfahren nach § 12 BTOElt zu bestimmen sind[81]:

(1) Arbeitsanleitung zur Darstellung der Kosten- und Erlösentwicklung in der Stromversorgung (nach dem Erhebungsbogen K) – Stand: 19.05.1981 (**Arbeitsanleitung 1981**)[82],

---

78 Vgl. unten Fn. 82.
79 *Weigt* in Danner/Theobald, Energierecht, Band 1, Stand: April 2006, EnPrR III B 1 § 12 Rn. 38.
80 *Weigt* in Danner/Theobald, Energierecht (Fn. 74), EnPrR III B 1 § 12 Rn. 38 für die „Arbeitsanleitung zur Darstellung der Kosten- und Erlösentwicklung in der Stromversorgung (Stand 19.05.1981)".
81 Vgl. auch *Gabriel/Haupt/Pfaffenberger*, Vergleich der Arbeitsanleitungen nach § 12 BTOElt (Fn. 75), S. 17 f.
82 Arbeitsanleitung zur Darstellung der Kosten- und Erlösentwicklung in der Stromversorgung (nach dem Erhebungsbogen K), erarbeitet vom Arbeitsaus-

(2) Entwurf einer Arbeitsanleitung zur Darstellung der Kosten- und Erlösentwicklung in der Stromversorgung mit Begründung und Erläuterung (nach dem Beschluss des Bund-Länder-Ausschusses „Energiepreise" vom 10./11.06.1997) [**Arbeitsanleitung 1997**][83],

(3) **Hessen**: Arbeitsanleitung zur Darstellung der Kosten- und Erlösentwicklung in der Stromversorgung - Stand: November 1996 – (nach dem Entwurf der Arbeitsgruppe „Betriebswirtschaftliche Fragen der BTOElt" des Bund-Länder-Ausschusses „Energiepreise") [Arbeitsanleitung Hessen],

(4) **Baden-Württemberg**: Arbeitsanleitung zur Darstellung der Kosten- und Ertragsentwicklung in der Stromversorgung (nach dem Erhebungsbogen K) – Stand: 05.03.1980 -; Arbeitsanleitung für die Strompreisprüfung – Stand: 10.05.1995; 01.08.1997; 01.02.1999 -.

a) Genehmigungspraxis in den verschiedenen Bundesländern

In **Nordrhein-Westfalen** kommt im Rahmen des Tarifgenehmigungsverfahrens die „Arbeitshilfe für die Bearbeitung des NRW-Erhebungsbogens zur Beurteilung der Notwendigkeit von Tarifänderungen bei Elektrizitätsversorgungsunternehmen (Stand: Juni 1991)" zur Anwendung [Arbeitshilfe NRW].[84] Die **Arbeitshilfe**

---

schuss „Energiepreise" der Wirtschaftsministerien des Bundes und der Länder, ursprünglicher Stand: 19.05.1981, aktueller Stand: 18.10.1984, in Danner/Theobald, Energierecht (Fn. 74), EnPrR III C 1.2.

83 Entwurf einer Arbeitsanleitung zur Darstellung der Kosten- und Erlösentwicklung in der Stromversorgung mit Begründung und Erläuterung (nach dem Beschluss des Bund-Länder-Ausschusses „Energiepreise" vom 10./11.06.1997) in Danner/Theobald, Energierecht (Fn. 74), EnPrR III C 1.3.

84 Arbeitshilfe für die Bearbeitung des NRW-Erhebungsbogens zur Beurteilung der Notwendigkeit von Tarifänderungen bei Elektrizitätsversorgungsunternehmen (Stand: Juni 1991), erarbeitet von der Wirtschaftsprüfungsgesell-

NRW ist auf der Homepage des Ministeriums für Wirtschaft, Mittelstand und Energie des Landes Nordrhein-Westfalen[85] unter der Überschrift „Strompreisaufsicht" als eine der „wichtigsten Unterlagen für das Tarifgenehmigungsverfahren" aufgeführt. In der Vorbemerkung der Arbeitshilfe wird darauf hingewiesen, dass der materielle Inhalt der ministeriellen Anweisung grundsätzlich übernommen wurde. Weiterhin wird ausgeführt, dass gemäß einer Zusage des Ministers für Wirtschaft, Mittelstand und Technologie des Landes NRW vom 18.06.1991 gegen die Anwendung der Arbeitshilfe keine Bedenken beständen.

Bei einem Vergleich der unterschiedlichen Regelungswerke ist zu untersuchen, welche Abschreibungsgrundlage zur Ermittlung der kalkulatorischen Abschreibungen herangezogen werden kann. Weiterhin ist von Interesse, wie die Behörden in den verschiedenen Bundesländern die Regelungen praktiziert haben. So wurde z. B. ein am Sachzeitwert orientierter Kaufpreis in einigen Bundesländern teilweise oder sogar vollständig bei der Entgeltgenehmigung anerkannt. Die Praxis anderer Bundesländer zielte darauf ab, dass eine Doppelbelastung der Tarifkunden vermieden werden sollte, sodass die Höhe der bereits erfolgten kalkulatorischen Abschreibungen des bisherigen Netzbetreibers berücksichtigt wurde.[86]

Die **Arbeitshilfe NRW** legt für die Abschreibungen auf das Anlagevermögen u.a. fest:[87]

---

schaft Dr. Eversheim – Dr. Stuible KG, Quelle: Ministerium für Wirtschaft, Mittelstand und Energie des Landes Nordrhein-Westfalen, www.wirtschaft.nrw.de.
85 www.wirtschaft.nrw.de.
86 *Büdenbender/Rosin/Bachert*, Kaufpreis und Ertragswert von Stromverteilernetzen (Fn. 12), S. 80.
87 Arbeitshilfe für die Bearbeitung des NRW-Erhebungsbogens zur Beurteilung der Notwendigkeit von Tarifänderungen bei Elektrizitätsversorgungsunternehmen (Stand: Juni 1991), S. 17 f.

"Es sind Abschreibungen vom Wiederbeschaffungswert (Tagesneuwert) zum jeweiligen Stichtag der betriebsnotwendigen Sachanlagen anzusetzen. ... Wirtschaftsgüter, deren Alter über dem der betrieblichen Nutzungsdauer liegt, sind bei der Ermittlung der Abschreibungen außer acht zu lassen (keine Abschreibung „über 0").

... Falls es in Sonderfällen bei der Abschreibungsermittlung zu Schwierigkeiten kommt, kann die Abschreibungsermittlung mittels eines begründeten Schätzverfahrens vorgenommen werden. Dazu bedarf es allerdings nachvollziehbarer Erläuterungen.

*In Sonderfällen können verkürzte Nutzungsdauern für einzelne Objekte oder für Gruppen von Anlagen angewendet werden. Beim Erwerb von Netzen könnte der Abschreibungssatz für das erworbene Netz nach Schätzung der verbleibenden Restnutzungsdauer festgelegt werden. In diesen Fällen ist auch darauf zu achten, dass die richtige Bemessungsgrundlage (Wiederbeschaffungswert – indizierter ursprünglicher Anschaffungswert – oder Sachzeitwert – **indizierter Kaufpreis** – je nach dem Ansatz der Nutzungsdauer – Gesamt- oder Restnutzungsdauer -) gewählt wird."* [Hervorhebung der Verf.]

Außer in Nordrhein-Westfalen kam die Arbeitshilfe NRW in Mecklenburg-Vorpommern, Thüringen und Sachsen zur Anwendung.

Die **Arbeitsanleitung 1981** wurde bei den Tarifgenehmigungsverfahren nach § 12 BTOElt in den verschiedenen Bundesländern nicht einheitlich zur Anwendung gebracht.[88] Sie fand zumindest bis 1997 in allen Bundesländern – mit Ausnahme von NRW, Niedersachsen, Baden-Württemberg und den neuen Bundesländern – Anwendung.[89] Nach der Arbeitsanleitung 1981 werden die kalkulatorischen Abschreibungen analog Nr. 37 bis 42 der Leitsätze für die

---

88 *Büdenbender/Rosin/Bachert*, Kaufpreis und Ertragswert von Stromverteilernetzen (Fn. 12), S. 80; *Tegethoff/Büdenbender/Klinger*, Das Recht der öffentlichen Energieversorgung, Stand: Juni 2000, § 12 BTOElt, Vorbemerkung zu Anhang 1.

89 *Gabriel/Haupt/Pfaffenberger*, Vergleich der Arbeitsanleitungen nach § 12 BTOElt (Fn. 75), S. 14, Fn. 14.

Preisermittlung auf Grund von Selbstkosten (LSP)[90] ermittelt. Ziffer 5.2 der Arbeitsanleitung 1981 regelt, dass als Abschreibungsausgangswert grundsätzlich die Anschaffungs- bzw. Herstellkosten zu Grunde zu legen sind. Bei der Ermittlung der kalkulatorischen Abschreibungen auf der Basis von Wiederbeschaffungswerten kann nur der eigenfinanzierte Anteil des Sachanlagenvermögens berücksichtigt werden.

Die **Arbeitsanleitung 1997** sieht bei der Neufassung der Bestimmungen über kalkulatorische Kosten unter Ziffer II. 1. für die kalkulatorischen Abschreibungen vor: Die bisher übliche Abschreibung auf Tagesneuwerte (die in einigen Bundesländern auch bisher nur für den eigenfinanzierten Anteil angesetzt werden konnte) wird zu Gunsten der Abschreibung auf Anschaffungs- und Herstellkosten aufgegeben. Als Grund für diese Änderung werden neue betriebswirtschaftliche Erkenntnisse angegeben, die u.a. ihren Niederschlag (für den Bereich öffentlicher Aufträge) in der „Verordnung zur Änderung preisrechtlicher Vorschriften vom 13.06.1989 (Verordnung PR 1/89)" gefunden hätten. Indem auf den Ansatz von Tagesneuwertabschreibungen als Kosten verzichtet werde, vergrößere sich die Transparenz der Darstellung der Kosten- und Erlöslage. Unter Ziffer IV. (Sonstige Bestimmungen, Übergangsregelungen) wird auf die bisherigen unterschiedlichen Abschreibungszeiträume in verschiedenen Bundesländern hingewiesen. Die Arbeitsanleitung 1997 sieht vor, dass die bisherige Abschreibungsdauer für solche Wirtschaftsgüter beibehalten werden darf, die beim Inkrafttreten der Neufassung bereits genutzt werden, weil ein Wiederaufleben kalkulatorischer Restwerte nicht erfolgen dürfe, um eine Doppelverrechnung von Kosten infolge der Umstellung von Abschreibungsdauern auszuschließen.

---

90 Verordnung PR Nr. 30/53 über die Preise von öffentlichen Aufträgen vom 21.11.1953 (Bundesanzeiger Nr. 244), zuletzt geändert durch Verordnung PR Nr. 1/89 vom 13.06.1989 (BGBl. I S. 1094).

Die **Arbeitsanleitung Hessen** regelt unter Punkt D. (Kosten der Elektrizitätsversorgung) Ziffer 4.2 hinsichtlich der kalkulatorischen Abschreibungen, dass als Abschreibungsausgangsbasis die Anschaffungs- bzw. Herstellwerte zu Grunde zu legen sind. Unter Punkt H. I. wird als Übergangsregelung (Inkrafttreten der Arbeitsanleitung am 01.01.1997) wegen einer möglichen Änderung der Nutzungsdauern des Anlagevermögens darauf hingewiesen, dass ein Aufleben kalkulatorischer Restwerte auszuschließen sei. Auch die „Hinweise für die vorläufige Anwendung in Hessen" sehen vor, dass die auf Grund kürzerer Abschreibungsdauer bisher schon erreichten kalkulatorischen Buchrestwerte auf Anschaffungswertbasis nicht erhöht werden bzw. wieder aufleben dürften.

In **Baden-Württemberg** regeln die verschiedenen Arbeitsanleitungen die kalkulatorischen Abschreibungen wie folgt[91]: Nach der Arbeitsanleitung vom 05.03.1980 wurden die kalkulatorischen Abschreibungen analog Nr. 37 bis 42 LSP bestimmt; als Abschreibungsausgangswert waren grundsätzlich die Anschaffungs- bzw. Herstellungskosten zu Grunde zu legen; beim eigenfinanzierten Anteil des Sachanlagevermögens werden die kalkulatorischen Abschreibungen auf der Basis von Wiederbeschaffungswerten berechnet. Die Arbeitsanleitungen für die Strompreisprüfung vom 10.05.1995 (diese war nicht allgemeinverbindlich, wurde aber von den Mitgliedern der Arbeitsgruppe „Neue Arbeitsanleitung" angewendet), vom 01.08.1997 und 01.02.1999 sahen vor: Beim Tagesneuwertverfahren netto werden in Höhe des Eigenkapitalanteils (Eigenkapitalquote) Abschreibungen auf Basis der Wiederbeschaffungskosten zum jeweiligen Stichtag (Tagesneuwerte) und in Höhe des Fremdkapitalanteils Abschreibungen auf Basis der Anschaffungs- und Herstellungskosten in Ansatz gebracht.

---

91 Baden-Württemberg verzichtet als einziges Bundesland in Deutschland seit mehreren Jahren auf die Genehmigungspflicht für Stromtarife gemäß BTOElt; vgl. LT-Drucks. 14/158, S. 1.

b) Gesamtauswertung der Behördenpraxis zur Behandlung von Netzkaufpreisen

Im Überblick zeigt ein Vergleich der verschiedenen Arbeitsanleitungen bzw. der Arbeitshilfe NRW zu der Frage, welche Abschreibungsgrundlage der Ermittlung der kalkulatorischen Abschreibungen zu Grunde zu legen ist, folgendes Ergebnis:[92]

(1) **Arbeitshilfe NRW:** Abschreibungen vom Wiederbeschaffungswert (Tagesneuwert); bei Netzerwerb: Wiederbeschaffungswert – indizierter ursprünglicher Anschaffungswert – oder Sachzeitwert – indizierter Kaufpreis – je nach dem Ansatz der Nutzungsdauer – Gesamt– oder Restnutzungsdauer -,

(2) **Arbeitsanleitung 1981:** fremdfinanzierter Anteil: Anschaffungs- bzw. Herstellkosten; eigenfinanzierter Anteil: Wiederbeschaffungswert,

(3) **Arbeitsanleitung 1997:** Anschaffungs- und Herstellkosten,

(4) **Arbeitsanleitung Hessen:** Anschaffungs- bzw. Herstellwerte,

(5) **Arbeitsanleitungen Baden-Württemberg:** Fremdkapitalanteil: Anschaffungs- und Herstellungskosten; Eigenkapitalanteil: Wiederbeschaffungskosten (Tagesneuwerte).

Im Rahmen der Tarifgenehmigung nach § 12 BTOElt in Verbindung mit den verschiedenen Arbeitsanleitungen bzw. der Arbeitshilfe ist folgende behördliche Genehmigungspraxis aus den 90er Jahren des letzten Jahrhunderts nach den Angaben des VKU bekannt:[93] In NRW wurden nach einer kurzfristigen E-Mail-Rundfrage des Auftraggebers bei einem beschränkten Kreis von den

---

92 S. auch Tabelle 2-2 bei *Gabriel/Haupt/Pfaffenberger*, Vergleich der Arbeitsanleitungen nach § 12 BTOElt (Fn. 75), S. 18.

93 Die nachfolgenden Ausführungen zur behördlichen Genehmigungspraxis im Tarifgenehmigungsverfahren nach § 12 BTOElt beruhen auf den Angaben des Verbandes kommunaler Unternehmen e.V., welche aufgrund einer Anfrage bei Mitgliedsunternehmen bekannt sind.

Mitgliedsunternehmen des VKU sieben Netzübernahmen berichtet, bei denen in sechs Fällen der Sachzeitwert (Kaufpreis) im Rahmen der Tarifpreisgenehmigung anerkannt wurde. Eine weitere Übernahme erfolgte auf Grundlage eines „verhandelten" Kaufpreises, der im Tarifgenehmigungsverfahren nicht voll anerkannt wurde. Aus Baden-Württemberg wurden zwei Netzübernahmen zum Sachzeitwert gemeldet, der sich jedoch wegen der dort seinerzeit praktizierten „Erstreckungsgenehmigungen" nicht im Tarif niedergeschlagen hat. Aus Niedersachsen und Bayern ist jeweils eine Netzübernahme zum Sachzeitwert bekannt, bei denen der Sachzeitwert im Tarifgenehmigungsverfahren anerkannt wurde.

Festzuhalten ist mithin als Zwischenergebnis, dass es zahlreiche Fälle gibt, in denen Netzbetreiber in der Vergangenheit Netze zum Sachzeitwert übernommen haben und die Tarifpreisgenehmigungsbehörden den Kaufpreis dann als Abschreibungsgrundlage im Tarifpreisgenehmigungsverfahren anerkannt haben. Darüber hinaus erwähnt die „offizielle" Arbeitshilfe des Ministeriums in NRW ausdrücklich den „indizierten Kaufpreis" als mögliche Abschreibungsgrundlage.

Ergänzend ist noch darauf hinzuweisen, dass auch in der Verbändevereinbarung „VV II plus" die Ermittlung der Netznutzungsentgelte auf Basis der kalkulatorischen Kosten erfolgte (Ziffer 2.1.1 der Preisfindungsprinzipien).[94] Für die Ermittlung der kalkulatorischen Abschreibungen regeln die Preisfindungsprinzipien (Anlage 3 zur Verbändevereinbarung) unter Ziffer 2:

„Abschreibungen auf den mit Fremdkapital finanzierten Anteil der betriebsnotwendigen Anlagegüter erfolgen auf der Basis der Anschaffungswerte."

§ 6 Abs. 1 S. 5 EnWG 2003 behandelte die Verbändevereinbarung „VV II plus" als sog. gute fachliche Praxis im Rahmen des

---

94 Verbändevereinbarung vom 13.12.2001 (Fn. 56),

verhandelten Netzzugangs. Die gute fachliche Praxis i.S.d. § 6 Abs. 1 S. 1 EnWG 2003 diente der Erreichung der Ziele des § 1 und der Gewährleistung wirksamen Wettbewerbs.

c) Sondervertragskunden

Bei der Würdigung der Thematik muss beachtet werden, dass § 12 BTOElt nur für die Tarifkunden (Haushalt, Gewerbe, Landwirtschaft, sonstige Kunden wie öffentliche Einrichtungen) gilt. Die Strompreise für Sonderkunden, deren Anteil am Gesamtstromverbrauch deutlich höher als derjenige der Tarifkunden ist, unterfallen allein der kartellrechtlichen Kontrolle nach §§ 19, 32, 33 GWB. Insoweit flossen die Netzkaufpreise kalkulatorisch in die Preise ein, ohne dass es zu einer kartellbehördlichen oder kartellgerichtlichen Beanstandung kam.

4. Vertrauensschutz des Netzkäufers

Wenn ein Netzerwerber das Netz bereits vor der Energierechtsreform gekauft hat, konnte er seiner Investitionsentscheidung die soeben herausgearbeiteten Gesichtspunkte unter Vertrauensschutzaspekten zu Grunde legen. Wie bereits ausgeführt entsprach es langjähriger energiewirtschaftlicher Praxis lange Zeit vor 1999, im Rahmen konzessionsvertraglicher Endschaftsbestimmungen den Netzkaufpreis am Sachzeitwert zu orientieren.[95] Diese Praxis wurde vom BGH in der Kaufering-Entscheidung im Wesentlichen bestätigt. Ein Netzerwerber konnte also zum einen davon ausgehen, dass der Sachzeitwert zulässigerweise zur Bestimmung des Kaufpreises herangezogen werden durfte. Zum anderen konnte er darauf vertrauen, dass der Kaufpreis weiter als Grundlage der kalkulatorischen Abschreibungen nach § 12 BTOElt i.V.m. der jeweiligen Ar-

---

95 Vgl. B. III. 2 b) bb).

beitsgrundlage in die Tarifkalkulation einfließen würde, wenn die zuständige Behörde dies in der Genehmigung nach § 12 BTOElt so akzeptiert hatte. Die spätere Regelung des § 6 Abs. 2, 7 StromNEV war für den Netzkäufer in keiner Weise vorhersehbar. Wenn das Netz vor der Energierechtsreform 2005 erworben wurde, kommt mithin ein Vertrauensschutz des Netzkäufers in Betracht.[96]

Wenn sich ein Vertrauenstatbestand auf eine Eigentumsposition bezieht, dann ist nach der ständigen Rechtsprechung des BVerfG allein Art. 14 GG der Prüfungsmaßstab.[97] Es ist eine wesentliche Funktion der Eigentumsgarantie, dem Bürger Rechtssicherheit hinsichtlich der durch Art. 14 Abs. 1 S. 1 GG geschützten Güter zu gewährleisten und das Vertrauen auf das durch die verfassungsmäßigen Gesetze ausgeformte Eigentum zu schützen. Der aus dem Rechtsstaatsprinzip folgende Grundsatz des Vertrauensschutzes hat für die vermögenswerten Güter in Art. 14 GG eine eigene Ausprägung und verfassungsrechtliche Ordnung gefunden. Für die durch dieses Grundrecht geschützten Positionen nimmt die Eigentumsgarantie die Funktion des Vertrauensschutzes wahr. Im Anwendungsbereich des Eigentumsgrundrechts sind die Regeln über die Rückwirkung in der Ausprägung anzuwenden, die sie durch Art. 14 Abs. 1 GG erfahren haben.[98] Die sachlichen Anforderungen bleiben dabei im Vergleich zur Abstützung des Vertrauensschutzes auf Art. 20 GG unverändert.

Wie oben ausgeführt schützt Art. 14 GG das Eigentum an einem Versorgungsnetz im Sinne einer Bestands- und Nutzungsgarantie. Ein Vertrauen des Netzerwerbers, weiterhin den Kaufpreis – zuläs-

---

[96] Vgl. zum Vertrauensschutz des Netzerwerbers auch: *Schalle/Boos*, ZNER 2006, 20, 24.

[97] BVerfG, Beschluss vom 09.10.1985, BVerfGE 71, 1, 11 f.; Beschluss vom 15.07.1987, BVerfGE 76, 220, 244 f.

[98] BVerfG, Beschluss vom 15.10.1996, BVerfGE 95, 64, 82 ff., 86; Urteil vom 23.11.1999, BVerfGE 101, 239, 257; *Jarass* in Jarass/Pieroth, GG (Fn. 50), Art. 14 Rn. 47, Art. 20 Rn. 74.

sigerweise in Höhe des Sachzeitwertes - als Grundlage der kalkulatorischen Abschreibungen nach § 12 BTOElt i.V.m. der jeweiligen Arbeitsanleitung ansetzen zu können, bezieht sich mithin auf eine Eigentumsposition und ist hinsichtlich seiner Schutzwürdigkeit am Maßstab des Art. 14 GG zu messen. Durch die Festlegung der Abschreibungsmodalitäten in § 6 und § 32 Abs. 3 StromNEV könnte ein schützenswertes Vertrauen enttäuscht worden sein. Das Rechtsstaatsprinzip setzt in seinen Prinzipien der Rechtssicherheit und des Vertrauensschutzes einem Hoheitsakt, der belastend in eine verfassungsmäßig garantierte Rechtsposition eingreift, enge Grenzen.[99]

a) Echte und unechte Rückwirkung

Für die nähere Ausgestaltung dieser Grenzen muss zwischen der echten und der unechten Rückwirkung unterschieden werden.[100] Eine **unechte Rückwirkung** liegt vor, wenn eine Norm auf gegenwärtige, noch nicht abgeschlossene Sachverhalte und Rechtsbeziehungen für die Zukunft einwirkt und damit zugleich die betroffene Rechtsposition nachträglich entwertet.[101] Eine unechte Rückwirkung ist grundsätzlich zulässig. Jedoch ist sie ausnahmsweise unzulässig, wenn folgende Voraussetzungen kumulativ gegeben sind:[102] Das Gesetz entwertet die Rechtsposition des Bürgers mit einem Eingriff, mit dem der Betroffene nicht zu rechnen brauchte, den er also auch bei seinen Dispositionen nicht berücksichtigen konnte.[103] Die weitere Voraussetzung besteht darin, dass das Bestandsinteres-

---

99 BVerfG, Beschluss vom 10.04.1984, BVerfGE 67, 1, 14.
100 Vgl. zur Begrifflichkeit, bei der einerseits die unechte bzw. echte Rückwirkung gegenübergestellt werden und andererseits die tatbestandliche Rückanknüpfung bzw. die Rückbewirkung von Rechtsfolgen: *Jarass* in Jarass/Pieroth, GG (Fn. 50), Art. 20 Rn. 67.
101 st. Rspr., BVerfG, Beschluss vom 15.10.1996, BVerfGE 95, 64, 84.
102 *Jarass* in Jarass/Pieroth, GG (Fn. 50), Art. 20 Rn. 73a.
103 BVerfG, Beschluss vom 28.11.1984, BVerfGE 68, 287, 307.

se des Einzelnen schutzwürdiger ist als die gesetzlich verfolgten Gemeinwohlinteressen.[104] Sie ist gegeben, wenn die vom Gesetzgeber angeordnete unechte Rückwirkung zur Erreichung des Gesetzeszwecks nicht geeignet oder erforderlich ist oder wenn die Bestandsinteressen des Betroffenen die Veränderungsgründe des Gesetzgebers überwiegen.[105]

Von dieser Fallgruppe ist die echte Rückwirkung zu unterscheiden. Eine **echte Rückwirkung** ist verfassungsrechtlich grundsätzlich unzulässig. Sie liegt vor, wenn ein Gesetz nachträglich ändernd in abgewickelte, der Vergangenheit angehörende Tatbestände eingreift.[106] Das Verbot der echten Rückwirkung kann durchbrochen werden, wenn sich ausnahmsweise kein Vertrauen auf den Bestand des geltenden Rechts bilden konnte.

b) Anwendung auf §§ 6, 32 StromNEV

Die Thematik der Rückwirkung von §§ 6, 32 StromNEV und ihre Qualifizierung als echt/unecht stellt sich für alle Netzverkäufe, die vor Inkrafttreten der Energierechtsreform 2005 abgewickelt wurden und entsprechend den dargestellten Grundsätzen der BGH-Judikatur und der preisbehördlichen Praxis behandelt wurden. Zur Feststellung, welche Fallgruppe der Rückwirkung vorliegend gegeben ist, ist zu untersuchen, in welcher Weise die Abschreibungsregelungen in §§ 6, 32 Abs. 3 StromNEV die vorhergehende Rechtslage nach § 12 BTOElt i.V.m. den verschiedenen Arbeitsanleitungen und der behördlichen Genehmigungspraxis geändert haben. Wie bereits ausgeführt, gibt es zahlreiche Fälle, in denen Netzbetreiber in der Vergangenheit Netze zum Sachzeitwert übernommen haben und die Tarifpreisgenehmigungsbehörden den Kaufpreis

---

[104] BVerfG, Beschluss vom 24.05.2001, BVerfGE 103, 392, 403.
[105] BVerfG, Beschluss vom 15.10.1996, BVerfGE 95, 64, 86.
[106] st. Rspr., BVerfG, Beschluss vom 15.10.1996, BVerfGE 95, 64, 84.

dann als Abschreibungsgrundlage im Tarifpreisgenehmigungsverfahren anerkannt haben. Darüber hinaus erwähnt die „offizielle" Arbeitshilfe des Ministeriums in NRW ausdrücklich den „indizierten Kaufpreis" als mögliche Abschreibungsgrundlage. Im Unterschied hierzu begrenzen §§ 6 Abs. 2, 7 und 32 Abs. 3 StromNEV die Möglichkeit kalkulatorischer Abschreibungen für einen Netzerwerber dahingehend, dass für die erstmalige Genehmigung der Netzentgelte die historischen Anschaffungs- und Herstellungskosten gemäß §§ 6 Abs. 2, 32 Abs. 3 StromNEV festgeschrieben werden und § 6 Abs. 7 StromNEV zudem ein Verbot der Abschreibung unter Null auch bei einer Änderung von Eigentumsverhältnissen statuiert. Als rechtliche Konsequenz ergibt sich aus der Anwendung dieses Normengeflechts, dass der Netzerwerber bei der erstmaligen Genehmigung der Netzentgelte den Netzkaufpreis nicht als Grundlage der kalkulatorischen Abschreibungen ansetzen kann.

Weiterhin ist der maßgebliche, einem Vertrauenstatbestand zu Grunde zu legende Sachverhalt festzulegen. Der Netzkäufer hat das Versorgungsnetz vor der Energierechtsreform 2005 erworben. Damit hat der Erwerber eine durch wirtschaftliche Gründe motivierte Investition getätigt, die Kaufpreiszahlung ist erfolgt. Die Abschreibungen des Anlagegutes sollten vom Erwerbszeitpunkt an bis in die Zukunft erfolgen. Jedoch hat der Verordnungsgeber durch den Erlass der StromNEV die Abschreibungsmöglichkeiten für das in der Vergangenheit erworbene Netz in der oben beschriebenen Weise für die Zukunft beschränkt. Bei diesem Sachverhalt ist fraglich, ob hierin ein Fall der echten oder unechten Rückwirkung liegt. Bei der Unterscheidung der Varianten bestehen erhebliche, nur anhand des Einzelfalls zu klärende Abgrenzungsprobleme, wie sich bei Betrachtung der einschlägigen Rechtsprechung zeigt.[107] Vorliegend weist der Sachverhalt sowohl Elemente einer unechten als auch einer echten Rückwirkung auf. Um den Vertrauensschutz eines

---

107 *Herzog* in Maunz/Dürig, GG (Fn. 49), Art. 20 Rn. 68.

Netzerwerbers umfassend unter allen Aspekten zu würdigen, werden nachfolgend daher die Voraussetzungen beider Rückwirkungsvarianten geprüft.

Einerseits weist der zu Grunde zu legende Sachverhalt die Merkmale einer unechten Rückwirkung auf. Dieser Rückwirkungstatbestand betrifft den sachlichen Anwendungsbereich einer Norm und liegt vor, wenn die Rechtsfolgen eines Gesetzes erst nach der Verkündung der Vorschrift eintreten, ihr Tatbestand aber Sachverhalte erfasst, die bereits vor der Verkündung „ins Werk" gesetzt wurden.[108] Insoweit kann eine Parallele zur Entscheidung des BVerfG über den Abbau einer Steuersubvention bei den sog. Sozialpfandbriefen gezogen werden.[109] Auch hier bestand ein Fall der unechten Rückwirkung. Der entscheidende Sachverhalt lag im Zeitpunkt des Erwerbs der Wertpapiere. Das maßgebliche Geschehen war damit bereits vor der Verkündung der Änderung des Steuerrechts in Gang gesetzt worden, war aber noch nicht abgeschlossen, weil die Laufzeiten der betroffenen Papiere über einen bestimmten Veranlagungszeitraum hinausreichten. Im vorliegenden Fall liegt der entscheidende Sachverhalt im Zeitpunkt des Erwerbs des Versorgungsnetzes. Damit ist das maßgebliche Geschehen vor der Verkündung der StromNEV ins Werk gesetzt worden, dauerte aber noch an, weil die kalkulatorischen Abschreibungen des Netzes auch in der Zukunft weiter vorgenommen werden.

Zu prüfen ist damit zunächst, ob die Beschränkung der Abschreibungsmöglichkeit in §§ 6, 32 Abs. 3 StromNEV ausnahmsweise nach den Grundsätzen der unechten Rückwirkung unzulässig ist. Die erste Voraussetzung hierfür liegt darin, dass das Gesetz die Rechtsposition des Bürgers mit einem Eingriff entwertet, mit dem der Betroffene nicht zu rechnen brauchte, den er also auch bei sei-

---

[108] BVerfG, Beschluss vom 05.02.2002, BVerfGE 105, 17, 37 f.
[109] BVerfG, Beschluss vom 05.02.2002, BVerfGE 105, 17, 38.

nen Dispositionen nicht berücksichtigen konnte.[110] Wenn ein Netzkäufer noch während des alten energierechtlichen Rechtsrahmens ein Versorgungsnetz erwarb, brauchte er nicht damit zu rechnen, dass der Gesetzgeber bei einer späteren Energierechtsreform die Abschreibungsmodalitäten beschränkte, und brauchte eine solche Entwicklung nicht bei seiner Investitionsentscheidung zu berücksichtigen. Die weitere Voraussetzung besteht darin, dass das Bestandsinteresse des Einzelnen schutzwürdiger ist als die gesetzlich verfolgten Gemeinwohlinteressen. Dies ist gegeben, wenn die vom Gesetzgeber angeordnete unechte Rückwirkung zur Erreichung des Gesetzeszwecks nicht geeignet oder erforderlich ist oder wenn die Bestandsinteressen des Betroffenen die Veränderungsgründe des Gesetzgebers überwiegen. Fraglich ist mithin, ob der Grundsatz der Verhältnismäßigkeit dadurch verletzt ist, dass der Gesetzgeber bei der Beschränkung der Abschreibungsmöglichkeit in §§ 6, 32 Abs. 3 StromNEV auch in das Eigentum der Netzkäufer eingreift, die das Netz bereits vor der Energierechtsreform erworben haben. Wie oben bereits ausgeführt hat der Gesetzgeber durch das Zusammenwirken der verschiedenen Abschreibungsmöglichkeiten in §§ 6, 32 Abs. 3 StromNEV generell das Ziel einer preisgünstigen Stromversorgung durch die Senkung der Netznutzungsentgelte verfolgt.[111]

Fraglich ist, ob die vom Gesetzgeber vorgesehene unechte Rückwirkung zur Erreichung des Gesetzeszwecks, d. h. zur Senkung der Netznutzungsentgelte, geeignet ist. Das Ziel einer preisgünstigen Stromversorgung wird dadurch gefördert, dass ein Netzkäufer auch bei einem Versorgungsnetz, welches er vor der Energierechtsreform erworben hat, die kalkulatorischen Abschreibungen nur in beschränkter Höhe in Ansatz bringen kann. Die Beschränkung der Abschreibungsmöglichkeit in §§ 6, 32 Abs. 3 StromNEV ist folglich eine geeignete Maßnahme. Weiterhin ist zu prüfen, ob

---

110 BVerfG, Beschluss vom 28.11.1984, BVerfGE 68, 287, 307.
111 Vgl. oben B. II. 1. c).

die angeordnete unechte Rückwirkung zur Erreichung des Gesetzeszwecks erforderlich ist, d. h. ob der Gesetzgeber kein gleich wirksames, aber milderes Mittel hätte wählen können. Wenn der Gesetzgeber die Netzkäufe, die vor der Energierechtsreform 2005 getätigt worden sind, von der Beschränkung der Abschreibungsmöglichkeit ausgenommen hätte, wäre dies für die betroffenen Netzerwerber eine mildere Maßnahme. Jedoch stellt dies aus der Sicht der Netznutzer kein gleich wirksames Mittel dar. Wenn ein Teil der Netzbetreiber die kalkulatorischen Abschreibungen weiterhin in der bisher genehmigten Höhe ansetzen kann, wird das Ziel der Preissenkung nicht in gleicher Weise erreicht, als wenn gleichermaßen alle Netzbetreiber von der Beschränkung der Abschreibungsmöglichkeiten betroffen sind.

Im Rahmen der Angemessenheit der unechten Rückwirkung ist zu untersuchen, ob möglicherweise die Bestandsinteressen des Betroffenen die Veränderungsgründe des Gesetzgebers überwiegen. Die unechte Rückwirkung der Beschränkung der Abschreibungsmöglichkeiten in §§ 6, 32 Abs. 3 StromNEV ist nicht angemessen, wenn das durch Art. 14 GG geschützte Bestandsinteresse der Netzkäufer an der Beibehaltung der vorangegangenen Abschreibungsmodalitäten gegenüber dem gesetzgeberischen Interesse an einer preisgünstigen Stromversorgung durch Senkung der Netznutzungsentgelte überwiegt. Das Bestandsinteresse der Netzkäufer, die das Netz vor der Energierechtsreform 2005 erworben haben, ist darauf gerichtet, dass entsprechend der häufigen Behördenpraxis ein Netzkaufpreis in Höhe des Sachzeitwertes im Tarifpreisgenehmigungsverfahren als Abschreibungsgrundlage anerkannt wird. Darüber hinaus bestand eine Vertrauensgrundlage für die Netzerwerber darin, dass die „offizielle" Arbeitshilfe des Ministeriums in NRW ausdrücklich den „indizierten Kaufpreis" als mögliche Abschreibungsgrundlage erwähnt. Der Gesetzgeber möchte zum Wohle der Allgemeinheit eine preisgünstige Stromversorgung sicherstellen. Wie bereits oben ausgeführt besteht ein Interesse der Allgemeinheit aber auch in einem funktionierenden Wettbewerb um Konzessionsgebiete.[112] Um diesen gesetzgeberischen Zweck (vgl. § 1 Abs. 2 EnWG) sicherzustellen, ist die Möglichkeit, den Kaufpreis in Höhe des Sachzeitwertes als Abschreibungsgrundlage ansetzen zu können, geboten, da sich ein kaufmännisch denkender Netzkäufer ohne eine hinreichende Ertragsaussicht nicht um den Erwerb eines Versorgungsnetzes bemühen würde. Weiterhin ist zu berücksichtigen, dass die Netznutzer über die kalkulatorischen Abschreibungen auf der Grundlage des Kaufpreises eine Kostenposition begleichen, die für den Netzerwerber selbst durch den Kauf entstanden ist und die nicht den Errichtungskosten des ursprünglichen Netzbetreibers entspricht. Auch wenn der Gesetzgeber eine Preisgünstigkeit der Versorgung bezweckt, so ist die Möglichkeit, eine Senkung der Netznutzungsentgelte herbeizuführen, an den Rahmen gebunden, den das Ziel des effizienten Wettbewerbs als weiterem Allgemeinwohlinteresse vorgibt. Hinzu kommt, dass die Berücksichtigung der Netzkaufpreise bei den Sondervertragspreisen kartellrechtlich keine Beanstandung erfahren hat.

Das OLG Koblenz geht gleichfalls von einem Fall der unechten Rückwirkung aus. Jedoch verneint das Gericht ein besonders schützenswertes Vertrauen des klagenden Netzbetreibers.[113] Es sei hierfür nicht ausreichend, dass die Bewertung eines übernommenen Netzes nach historischen Anschaffungs- und Herstellungskosten infolge geringerer Abschreibungsmöglichkeiten mit wirtschaftlichen Einbußen verbunden sei. Der Netzerwerber und neue Netzbetreiber könne nicht darauf vertrauen, dass der bei der Übernahme gezahlte Kaufpreis vollständig abgeschrieben werden könne und sich über die Entgelte der Netznutzer amortisieren werde. Diese Entschei-

---

112 Vgl. oben B II. 1. c).
113 OLG Koblenz, Beschluss vom 04.05.2007 – W 621/06 Kart -, S. 28. Diese Entscheidung erging erst nach Abschluss der Arbeit während der Drucklegung und findet daher nur kurze Erwähnung.

dung vermag nicht zu überzeugen, da in der Rechtspraxis gerade das Ertragswertverfahren (auch nach der Kaufering-Entscheidung des BGH) von grundlegender Bedeutung für die Kaufpreisfindung ist. Akzeptiert der Netzkäufer danach einen Kaufpreis, dessen Wiedererlangung er aufgrund der z. Zt. des Kaufs gültigen Rechtsnormen annehmen durfte, so wird sein diesbezügliches Vertrauen durch nachträgliche Rechtsänderungen inakzeptabel erschüttert. Denn der Staat als Normgeber entzieht dem Käufer in solchen Fällen rückwirkend und unvorhersehbar die Kalkulationsgrundlage.

Als **Zwischenergebnis** kann zur Überprüfung einer unechten Rückwirkung also festgestellt werden, dass das Bestandsinteresse der Netzerwerber, die bisherigen Abschreibungsmöglichkeiten durch einen Ansatz des Kaufpreises in Höhe des Sachzeitwertes fortzuführen, gegenüber den Veränderungsgründen des Gesetzgebers überwiegt und mithin schutzwürdiger ist als die gesetzlich verfolgten Gemeinwohlinteressen. Die Beschränkung der Abschreibungsmöglichkeiten in §§ 6, 32 Abs. 3 StromNEV verletzt bereits als unzulässige unechte Rückwirkung das verfassungsrechtlich durch Art. 14 GG geschützte Vertrauen der Netzkäufer.

Weiterhin weist der Sachverhalt, dass der Netzerwerber für seine Investition den Kaufpreis gezahlt hat und danach durch §§ 6, 32 Abs. 3 StromNEV in seinen Abschreibungsmöglichkeiten beschränkt wird, Elemente einer echten Rückwirkung auf. Sie liegt vor, wenn ein Gesetz nachträglich ändernd in abgewickelte, der Vergangenheit angehörende Tatbestände eingreift. Die Kaufpreiszahlung erfolgte im Vertrauen auf die zum damaligen Zeitpunkt bestehende Abschreibungsmöglichkeit. Das Motiv für den Kauf lag mithin darin, dass der Kaufpreis kalkulatorisch berücksichtigt werden konnte. Der Kaufvertrag mit der darauf basierenden Kaufpreiszahlung stellt einen abgeschlossenen Vorgang dar, in den nachträglich ändernd dadurch eingegriffen wurde, dass der Kaufpreis aus der heutigen Sicht nicht mehr stimmt. Demgegenüber lehnt das

OLG Koblenz einen Fall der echten Rückwirkung ab.[114] Eine **echte Rückwirkung** ist aufgrund des Rechtsstaatsprinzips grundsätzlich verboten.[115] Das Verbot der echten Rückwirkung kann durchbrochen werden, wenn zwingende Gründe des gemeinen Wohls oder ein nicht – oder nicht mehr – vorhandenes schutzbedürftiges Vertrauen des Einzelnen eine Durchbrechung des Rückwirkungsverbotes rechtfertigen oder sogar erfordern können, dass sich ausnahmsweise kein Vertrauen auf den Bestand des geltenden Rechts bilden konnte.[116] Das BVerfG hat verschiedene Falltypen entwickelt, bei denen ausnahmsweise eine echte Rückwirkung zulässig ist.[117] Hierzu gehören u. a., dass der Betroffene mit dem Erlass der neuen Regelung rechnen musste, eine unklare oder verworrene Rechtslage bestand oder dass eine verfassungswidrige Lücke geschlossen worden sei, auf deren Bestand zu keiner Zeit vertraut werden durfte. Vorliegend greift keine der Fallgruppen ein, die eine echte Rückwirkung ausnahmsweise zulässig erscheinen ließe. Als **Ergebnis** kann mithin festgehalten werden, dass, soweit die Wirkungen von §§ 6, 32 Abs. 3 StromNEV den Tatbestand einer echten Rückwirkung erfüllen, diese auch nicht ausnahmsweise gerechtfertigt ist. Auch insoweit wird gegen den verfassungsrechtlichen Grundsatz des Vertrauensschutzes verstoßen.

---

[114] OLG Koblenz, Beschluss vom 04.05.2007 – W 621/06 Kart -, S. 27 f. Diese Entscheidung erging erst nach Abschluss der Arbeit während der Drucklegung und findet daher nur kurze Erwähnung. Das OLG Koblenz stellt auf den formalen Aspekt ab, dass die Rechtsfolgen der StromNEV erst für einen Zeitraum einträten, der nach dem Zeitpunkt der Verkündung der Norm am 28.07.2005 liegt.
[115] BVerfG, Beschluss vom 15.10.1996, BVerfGE 95, 64, 84; Urteil vom 23.11.1999, BVerfGE 101, 239, 263.
[116] BVerfG, Beschluss vom 14.05.1986, BVerfGE 72, 200, 258.
[117] BVerfG, Beschluss vom 14.05.1986, BVerfGE 72, 200, 258; *Jarass* in Jarass/Pieroth, GG (Fn. 50), Art. 20 Rn. 72.

Folglich besteht durch die Regelung der Abschreibungsmodalitäten in § 6 StromNEV ein Verfassungsverstoß: Durch §§ 6, 32 Abs. 3 StromNEV wird der aus dem Rechtsstaatsprinzip folgende Grundsatz des Vertrauensschutzes verletzt, der für die vermögenswerten Güter in Art. 14 GG eine eigene Ausprägung und verfassungsrechtliche Ordnung gefunden hat.

III. Verfassungskonforme Auslegung

Fraglich ist, ob der Vorschrift des § 6 StromNEV im Wege der verfassungskonformen Auslegung ein Sinn beigemessen werden kann, bei dem dieser Verfassungsverstoß vermieden werden kann.

Wenn ein Gesetz gegen das Grundgesetz verstößt, ist es von Anfang an nichtig. Die Folge der Nichtigkeit kann jedoch vermieden werden, wenn eine verfassungskonforme Auslegung des Gesetzes möglich ist. Hierbei wird einer ansonsten möglicherweise verfassungswidrig erscheinenden Vorschrift ein Aussagegehalt verliehen, der mit dem Grundgesetz (noch) in Einklang steht.[118] Das BVerfG hebt als Sinn der verfassungskonformen Auslegung hervor, dass aus Respekt vor der gesetzgebenden Gewalt größtmöglich der gesetzgeberische Wille in den Grenzen der Verfassung aufrechterhalten werden solle.[119]

Die Grenzen des Anwendungsbereichs hat das BVerfG für die verfassungskonforme Auslegung noch nicht einheitlich festgelegt. Teilweise stellt das BVerfG darauf ab, dass eine Vorschrift nur dann für verfassungswidrig zu erklären sei, wenn sie nicht in einer Weise ausgelegt werden könne, die nach den anerkannten Auslegungsgrundsätzen zulässig und mit der Verfassung in Einklang zu bringen sei. Wenn eine Auslegung nach dem Wortlaut, der Entste-

---

[118] Sachs in Sachs, GG (Fn. 52), Einführung, Rn. 52 m.w.N.
[119] Sachs in Sachs, GG (Fn. 52), Einführung, Rn. 55.

hungsgeschichte, dem Gesamtzusammenhang der einschlägigen Regelungen und dem Zweck zu mehreren möglichen Deutungen führt, von denen eine zu einem verfassungsmäßigen Ergebnis kommt, so sei diese geboten.[120] Zum Teil führt das BVerfG aus, dass Grenzen einer verfassungskonformen Auslegung dort lägen, wo sie mit dem Wortlaut und dem eindeutig erkennbaren Willen des Gesetzes in Widerspruch treten würde.[121] Wenn ein Gesetz nach Wortlaut und Sinn eindeutig sei, dürfe die Auslegung nicht zu einem entgegengesetzten Sinn führen, der normative Gehalt der auszulegenden Norm nicht grundlegend neu festgelegt oder das Ziel des Gesetzgebers nicht in einem wesentlichen Punkt verfehlt werden.

Der Wille des Gesetzgebers liegt bei der Bestimmung der Abschreibungsmodalitäten in § 6 StromNEV darin, durch eine Senkung der Netznutzungsentgelte eine preisgünstige Stromversorgung herbeizuführen. Hierzu dient die Beschränkung der Abschreibungsmöglichkeit in § 6 Abs. 2 und 7 StromNEV, wonach der Netzkaufpreis nicht als Grundlage der kalkulatorischen Abschreibungen herangezogen werden kann. Vom Wortlaut her gilt die Norm für Alt- und Neufälle gleichermaßen. In Altfällen hatten die Vertragsparteien der Netzüberlassung jedoch keine Möglichkeit, sich auf die Vorgaben der StromNEV zur kalkulatorischen Behandlung vor der Netzüberlassung schon abgeschriebener, gleichwohl jedoch zum Sachzeitwert nach § 46 Abs. 2 EnWG übergebener Netze einzustellen. Dies ermöglicht eine teleologische Reduktion des § 6 StromNEV dahingehend, dass das Verbot der Abschreibung wegen gezahlter Kaufpreise für zuvor schon abgeschriebene Netze nicht gilt. Die weitere Frage, ob die Norm zugleich wegen Versto-

---

120 BVerfG, Beschluss vom 30.03.1993, BVerfGE 88, 145, 166; Beschluss vom 15.10.1996, BVerfGE 95, 64, 93.
121 BVerfG, Beschluss vom 22.10.1985, BVerfGE 71, 81, 105; Urteil vom 14.12.1999, BVerfGE 101, 312, 329.

ßes gegen Art. 14 GG auch für Neufälle (Veräußerung des Netzes nach Inkrafttreten des EnWG 2005) verfassungswidrig ist, kann im Hinblick auf den allein Altfälle betreffenden Gegenstand dieser Untersuchung hier dahingestellt bleiben.

Teil 3: Zusammenfassung der wesentlichen Ergebnisse

Nachfolgend fassen wir die wesentlichen Ergebnisse der Untersuchung zusammen:
1. Bei einer einfach-gesetzlichen Wortauslegung des Begriffs „historische Anschaffungs- und Herstellungskosten" i.S.d. § 6 Abs. 2 Nr. 2 StromNEV kann der für ein Versorgungsnetz gezahlte Kaufpreis unter den Begriff der „Anschaffungskosten" nach dem allgemeinen Sprachgebrauch und dem Begriffsverständnis der Kostenrechnung subsumiert werden. Letzteres ist für den besonderen Sprachgebrauch maßgeblich, da der Begriff der „historischen Anschaffungs- und Herstellungskosten" als Grundlage der kalkulatorischen Abschreibungen im Rahmen der Kostenartenrechnung (§§ 4 ff. StromNEV) dient.
2. Nach dem allgemeinen Sprachgebrauch und den Grundsätzen des handelsrechtlichen Jahresabschlusses lässt sich unter den Anschaffungs- und Herstellungskosten der in der Vergangenheit gezahlte Netzkaufpreis zu verstehen. Jedoch stellt der Begriff „historisch" in der Legaldefinition des § 6 Abs. 2 S. 2 Nr. 2 StromNEV auf den Zeitpunkt der Errichtung des Netzes ab, sodass der von einem Netzerwerber nach dem Errichtungszeitpunkt gezahlte Kaufpreis nicht erfasst ist.
3. Eine reine Wortlautauslegung des Begriffs „historische Anschaffungs- und Herstellungskosten" i.S.d. § 6 Abs. 2 S. 2 Nr. 2 StromNEV spricht zunächst dafür, dass der Netzkaufpreis nicht unter dieses Tatbestandsmerkmal fällt. Aus der textlichen Analyse dieser Vorschrift folgt, dass die historischen Anschaffungs- und Herstellungskosten aus dem Blickwinkel der vom Netzverkäufer für das Netz getätigten Aufwendungen

und nicht aus der Warte des Netzkäufers im Sinne des Kaufpreises zu bestimmen sind. § 6 Abs. 7 StromNEV bestätigt diesen Befund.
4. Bei der „anschaffungsorientierten" Bestimmung der kalkulatorischen Restwerte in § 32 Abs. 3 S. 1 StromNEV weist der Ausdruck „orientiert" darauf hin, dass der fremdfinanzierte Anteil nicht exakt in der Höhe bestimmt werden muss, sondern dass ein auf die Anschaffung bezogener Näherungswert ausreichend ist. Der Begriff „anschaffungsorientiert" ist damit in jedem Fall weiter als der in § 6 Abs. 2 S. 2 Nr. 2 StromNEV enthaltene Ausdruck der historischen Anschaffungs- und Herstellungskosten.
5. Es kann nicht davon ausgegangen werden, dass § 32 Abs. 3 S. 1 StromNEV als Übergangsregelung die Grundsätze betreffend die kalkulatorische Abschreibung in § 6 StromNEV vollständig verdrängt. Die Übergangsvorschrift soll vielmehr dazu beitragen, die besonderen tatsächlichen Gegebenheiten in der Sondersituation der erstmaligen Netzentgeltgenehmigung zu bewältigen. § 32 Abs. 3 S. 1 StromNEV gibt damit eine Hilfestellung bei der Bestimmung der kalkulatorischen Restwerte im Erstantrag, wenn dem Netzbetreiber die historischen Anschaffungs- und Herstellungskosten nicht bekannt sind.
6. Die ausschließliche Verwendung des Begriffs „anschaffungsorientiert" in § 32 Abs. 3 S. 1 StromNEV kann nur als ein weiteres der zahlreichen Redaktionsversehen im EnWG und in der StromNEV angesehen werden. Gemeint ist, dass in den Fällen, in denen die historischen Anschaffungs- und Herstellungskosten im Sinne des § 6 Abs. 2 S. 2 Nr. 2 StromNEV nicht exakt ermittelt werden können, „anschaffungs- und herstellungsorientierte" Näherungswerte anzusetzen sind.
7. Das Verbot der Abschreibung unter Null gilt gemäß § 6 Abs. 7 StromNEV insbesondere ungeachtet einer Änderung von Eigentumsverhältnissen. Der Anwendungsbereich dieser Vor-

schrift erfasst folglich gerade die Fälle der Netzveräußerung, sei es auf konzessionsvertraglicher Grundlage, sei es wegen energierechtlicher Pflichten aus §§ 13 Abs. 2 S. 2 EnWG 1998, 46 Abs. 2 S. 2 EnWG 2005. Die beschriebene Rechtslage unterscheidet nicht zwischen Neu- und Altfällen.
8. Der Anwendungsbereich von § 6 Abs. 7 StromNEV erfasst jedoch nicht die Fälle der konzernexternen Überlassungsvorgänge. Dieses Auslegungsergebnis folgt bereits aus dem Bedeutungszusammenhang, in dem das Merkmal „Änderung von Eigentumsverhältnissen" innerhalb des Regelungswerks der StromNEV steht. Auch der Sinn und Zweck der Vorschrift sprechen für diese Auslegung. Auch die historische Auslegung bestätigt anhand der Gesetzgebungsmaterialien und der Entstehungsgeschichte, dass eine teleologische Reduktion von § 6 Abs. 7 StromNEV geboten ist.
9. Das gefundene einfach-rechtliche Ergebnis wirft die Frage der Verfassungskonformität im Lichte des Eigentumschutzes nach Art. 14 GG (für Neu- und Altfälle) und des Vertrauensschutzes aus Art. 20 Abs. 3 GG (nur für Altfälle) auf.
10. Der Schutzbereich des Art. 14 GG umfasst das Eigentum an einem Versorgungsnetz im Sinne einer Bestands- und Nutzungsgarantie. Geschützt sind damit die durch § 6 StromNEV rechtlich ausgestaltete Möglichkeit des Netzbetreibers, kalkulatorische Abschreibungen auf sein Sachanlagevermögen vornehmen zu können, sowie die Veräußerbarkeit des Netzes.
11. Ein Eingriff liegt in den folgenden Wirkungen von § 6 StromNEV: Der Alteigentümer wird in seinen Abschreibungsmöglichkeiten beschränkt, bis schließlich wegen des Verbots der Abschreibung unter Null keine Abschreibung mehr möglich ist. Eine Veräußerungssperre ergibt sich daraus, dass der Alteigentümer als Netzkaufpreis zwar den Sachzeitwert verlangen kann, aber Erwerbsinteressenten als (potentieller)

Neueigentümer mangels einer späteren Abschreibungsmöglichkeit nicht an einem Kauf interessiert sind.
12. Die aufgeworfenen Fragen der Verfassungskonformität des § 6 StromNEV im Lichte des Art. 14 GG sind komplex und ohne Vorbild in der Rechtsprechung des BVerfG. Ihre Beantwortung kann im Rahmen dieser Untersuchung unterbleiben, wenn sich infolge deren Beschränkung auf Altfälle weitere, verfassungsrechtlich eindeutige Aspekte aus dem GG ergeben.
13. Die Beschränkung der Abschreibungsmöglichkeit in §§ 6, 32 Abs. 3 StromNEV für Netzkäufer, die das Versorgungsnetz vor der Energierechtsreform 2005 erworben haben, verletzt das durch das Rechtsstaatsprinzip geschützte Vertrauen der Netzerwerber. Ein Netzkäufer durfte bei seiner Investitionsentscheidung einerseits auf die bereits ergangene höchstrichterliche Rechtsprechung zu der Frage, nach welcher Methode der Kaufpreis bei einem Netzkauf bestimmt werden durfte, vertrauen. Andererseits bezog sich sein Vertrauen darauf, zukünftig die Abschreibungen nach den ihm bekannten gesetzlichen Regelungen vornehmen zu können.
14. Die tatsächliche Grundlage des Vertrauensschutzes besteht zum einen in den zahlreichen Fällen, in denen Netzbetreiber in der Vergangenheit Netze zum Sachzeitwert übernommen haben und die Tarifpreisgenehmigungsbehörden den Kaufpreis als Abschreibungsgrundlage im Tarifpreisgenehmigungsverfahren anerkannt haben. Darüber hinaus erwähnt die „offizielle" Arbeitshilfe des Ministeriums in NRW ausdrücklich den „indizierten Kaufpreis" als mögliche Abschreibungsgrundlage.
15. Die Wirkungen des § 6 Abs. 2, 7 StromNEV verstoßen für Altfälle gegen Art. 20 GG. Im Wege verfassungskonformer Auslegung ist die Anwendung auf Altfälle ausgeschlossen. Ob die Norm auch für Neufälle wegen Verstoßes gegen Art. 14 GG verfassungswidrig ist, was dann argumentativ auch die Altfälle

erfassen würde, bleibt wegen der auf Altfälle beschränkten Untersuchung hier offen.

Kommunalwirtschaftliche Forschung und Praxis

Herausgegeben von Prof. Dr. Wolf Gottschalk

Band 1   Ulf Klostermann: Controlling zur Unterstützung von Least-Cost Planning im Elektrizitätsunternehmen. 1998.

Band 2   Heinz Bolsenkötter / Michael Poullie: Rechnerisches Unbundling in der Strom- und Gasversorgung. Rechnungslegung nach dem neuen Energiewirtschaftsgesetz. 3., neubearbeitete Auflage. Die 1. und 2. Auflage sind im Jahre 2000 unter dem Titel *Rechnungslegung nach der Elektrizitätsbinnenmarkt-Richtlinie und nach § 9 EnWG* erschienen. 2003.

Band 3   Klaus Traube / Wolfgang Schulz: Aktuelle Bewertung der Kraft-Wärme-Kopplung. Ökologische und ökonomische Wirkung eines mittelfristigen Ausbaus der Kraft-Wärme-Kopplung zur Nah-/Fernwärmeversorgung in Deutschland. 2001.

Band 4   Axel Thomas: Unternehmensinternes Kostenmanagement in Energieversorgungsunternehmen. Grundlagen effektiver Kostenrechnungsverfahren auf der Basis der SAP-Software. 2001.

Band 5   Georg Raffetseder: Erfolgs- und Mißerfolgsfaktoren der Verwaltungsmodernisierung. Zur Steuerung von Reformprozessen. 2001.

Band 6   Andreas Schmidt: Stadtwerke auf neuen Märkten. Gemeinderechtliche Chancen umweltschonender Energiedienstleistungen. 2002.

Band 7   Hannes Rehm / Sigrid Matern-Rehm: Kommunale Finanzwirtschaft. 2003.

Band 8   Alexander Meckies: Die persönliche Haftung von Geschäftsleitern in Kapitalgesellschaften der öffentlichen Hand. 2003.

Band 9   Nicole Weiß: Liberalisierung der Wasserversorgung. Gestaltungsspielräume und Grenzen einer Reform der Wasserversorgung unter besonderer Berücksichtigung der Rechtslage in Bayern. 2004.

Band 10   Matthias Ganske: Corporate Governance im öffentlichen Unternehmen. 2005.

Band 11   Bohdan Kalwarowskyj: Kommunale Dauerverlustbetriebe und verdeckte Gewinnausschüttung. 2006.

Band 12   Michael Schöneich (Hrsg.): Stadt-Werke. Festschrift für Gerhard Widder. 2007.

Band 13   Stefan Thomas: Aktivitäten der Energiewirtschaft zur Förderung der Energieeffizienz auf der Nachfrageseite in liberalisierten Strom- und Gasmärkten europäischer Staaten: Kriteriengestützter Vergleich der politischen Rahmenbedingungen. 2007.

Band 14   Ulrich Büdenbender / Peter Rosin / Carola Reichold: Berücksichtigung des für ein Netz vor der Energierechtsreform 2005 gezahlten Kaufpreises bei der Kalkulation und Regulierung der Netzentgelte. 2008.

www.peterlang.de

Jürgen F. Baur / Kai Uwe Pritzsche / Christopher Bremme (Hrsg.)

Basistexte zum Europäischen Energierecht

Frankfurt am Main, Berlin, Bern, Bruxelles, New York, Oxford, Wien, 2007.
XV, 783 S., zahlr. Tab.
ISBN 978-3-631-56189-8 · br. € 98.–*

Die zunehmende Vernetzung der nationalen Volkswirtschaften zeigt sich besonders deutlich im Bereich der Versorgung mit Strom und Gas. Der entstehende Wettbewerb hat zu einem starken Konzentrationsprozess auf diesen Märkten geführt. Ein Ende ist hierbei nicht abzusehen. Daneben spielen Fragen der Versorgungssicherheit, einer wettbewerbsfähigen Energieversorgung und des Umweltschutzes auf der nationalen, aber insbesondere auch auf der internationalen Ebene eine bedeutende Rolle.
Zur Lösung vielfältiger Herausforderungen im Energiebereich wird deswegen ein transnationaler Rechtsrahmen immer wichtiger. Europäisches Recht aus Brüssel füllt ihn zunehmend aus. Die dort erlassenen Richtlinien und Verordnungen stellen allerdings einen sehr unübersichtlichen Rechtskomplex dar. Aufgabe dieser Sammlung ist es, dieses europäische Recht sowie die wichtigsten deutschen Umsetzungsakten in übersichtlicher, systematischer Form dem Benutzer zur Verfügung zu stellen.

Aus dem Inhalt: Sammlung der wichtigsten europäischen Verordnungen, Richtlinien und Vermerke zum Energierecht · Unter anderem Richtlinien und Verordnungen aus dem Bereich Elektrizität, Gas und Erneuerbare Energien · Die wichtigsten europäischen Kartell- und Wettbewerbsvorschriften sowie die wichtigsten deutschen Umsetzungsgesetze

Frankfurt am Main · Berlin · Bern · Bruxelles · New York · Oxford · Wien
Auslieferung: Verlag Peter Lang AG
Moosstr. 1, CH-2542 Pieterlen
Telefax 00 41 (0) 32 / 376 17 27

*inklusive der in Deutschland gültigen Mehrwertsteuer
Preisänderungen vorbehalten
Homepage http://www.peterlang.de